don Giancarlo Camastra

Teresa di Lisieux: la svolta mistica

don Giancarlo Camastra

Teresa di Lisieux: la svolta mistica

per un'attualizzazione del carisma teresiano

Edizioni Sant'Antonio

Imprint
Any brand names and product names mentioned in this book are subject to trademark, brand or patent protection and are trademarks or registered trademarks of their respective holders. The use of brand names, product names, common names, trade names, product descriptions etc. even without a particular marking in this work is in no way to be construed to mean that such names may be regarded as unrestricted in respect of trademark and brand protection legislation and could thus be used by anyone.

Cover image: www.ingimage.com

Publisher:
Edizioni Accademiche Italiane
is a trademark of
International Book Market Service Ltd., member of OmniScriptum Publishing Group
17 Meldrum Street, Beau Bassin 71504, Mauritius

Printed at: see last page
ISBN: 978-613-8-39090-9

TERESA DI LISIEUX,

LA SVOLTA MISTICA

DI DON GIANCARLO CAMASTRA

Introduzione

Essere o Fare.

«Essere, o non essere, questo è il problema.
È forse più nobile soffrire, nell'intimo del proprio spirito,
le pietre e i dardi scagliati dall'oltraggiosa fortuna,
o imbracciar l'armi contro il mare delle afflizioni
e, combattendo contro di esse, metter loro una fine?
Morire per dormire.
Nient'altro. E con quel sonno poter calmare i dolorosi battiti del cuore,
e le mille offese naturali di cui è erede la carne!
Questa è una conclusione da desiderarsi devotamente. Morire, dormire.»[1]

Tutti conosciamo questo brano dell'Amleto di Shakespeare, dove l'interrogativo posto è quello tra «essere o non essere» ovvero tra «vivere o morire». Anche ai giorni nostri il credente è posto di fronte ad un interrogativo sulla cui risoluzione sembra poi costruirsi tutta la sua vita spirituale:

«Essere o Fare»

Il «Fare» è spesso associato all'«apparire» e ha in noi una forte seduzione, perché è grazie al «Fare/Apparire» che il nostro ego si nutre e spesso, mascherando il nostro desiderio d'affermazione e di successo, ci nascondiamo dietro le vesti di «lo *faccio* per il Signore», ma nell'«essere» la realtà assomiglia molto di più a un lupo vestito d'agnello. Non è a caso che appena una persona ha qualche "numero", ad esempio è carismatico, oppure riceve «presunte apparizioni» periodiche o frequenti, sa parlare e coinvolgere, ha qualche «dono» di guarigione o «liberazione» subito, «sfonda» la ribalta; se poi ha un buon seguito, ecco che l'occasione diventa propizia per programmare un buon «marketing» per «vendersi» e «vendere» il suo prodotto spirituale.
Un giorno, spiegando la spiritualità di santa Teresina e l'ascetica esicasta ad un sacerdote di fama internazionale, a detta sua con grandi carismi, mi disse: «roba per élite, oggi lo Spirito ha cambiato le cose: i carismatici vanno sul palco e i veggenti si sposano e vanno in tv. È finito quel tempo… roba vecchia, roba per pochi».

---

[1] William Shakespeare, Amleto, trad. di Gabriele Baldini, ed. BUR.

«Essere o Fare»

Una spiritualità che ha banalizzato l'ascetica e ha creato una mistica facile è una pseudo-spiritualità: può sedurre le masse, ma l'icona è quella di Aronne che fabbrica per Israele un vitello d'oro (cfr. Es 32,1-6). Quando mi dicono «io digiuno», rispondo sempre che è buona cosa, ma che non è garanzia di sicurezza, o meglio: la mia ascesi, seppur importante, non è garanzia di una vita mistica. Allo stesso modo, «dire tante preghiere» non garantisce lo stato di preghiera continua e così via... Qui si è creata la confusione e qui «la mistica facile» ha aperto il suo «spazio di confort», non solo in coloro che di ascesi non ne vogliono sentire assolutamente parlare, ma anche nei confronti di chi crede che sia sufficiente «fare» molte pie pratiche per garantirsi lo status di «uomo o donna spirituale». I Padri esicasti preferivano un monaco che sapesse essere equilibrato nel cibo piuttosto che uno che digiunava. Letto in questa chiave, il fare sembra necessariamente nutrirsi di «apparire» e spesso il confine tra dare testimonianza[2] per amore di Cristo e farla per apparire[3] non sembra così marcato come dovrebbe essere. Nella tradizione esicasta la garanzia era l'obbedienza al superiore, perché di suo l'esicasta non avrebbe mai compiuto un'iniziativa di questo tipo, consapevole che il confine tra testimoniare-apparire nell'uomo è sempre minato. «*Fare-apparire*» sembrano quindi due tentazioni da fuggire, direbbero i Padri del Deserto, senza troppo pensarci e senza concedere nulla alla smania che hanno il «*fare-apparire*» di imporsi.

«L'essere» è spesso associato al nascondimento, ma la nostra cultura – che da un lato si sente profondamente attratta dall'«essere», dall'altro non vuol far la minima fatica interiore per «essere» perché immersa nel "tutto dovuto" e nell'immediato, come la cultura dei new media vuole insegnarci – alla vita contemplativa preferisce la scorciatoia della psicologia e dell'intellettualismo,[4] diverso da quella ricerca della Verità che diventa anche una ricerca della conoscenza e di una filosofia di vita. È proprio qui che inseriamo il nostro approccio a santa Teresina, una santa dei nostri giorni che vive la dimensione dell'essere nel più totale nascondimento, ma la cui «piccola vita», per una serie di circostanze provvidenziali, diventa non solo l'occasione di una grande testimonianza di fede, ma anche l'opportunità di una svolta mistica di cui non abbiamo ancora preso del tutto coscienza.

Quando parliamo della spiritualità e dell'esperienza mistica di santa Teresina, molti hanno una sorta di «vertigine» dovuta all'altezza della sua esperienza mistica e dicono «ma lei era grande... io

---

[2] Mi riferisco alle testimonianze di conversioni fatte in pubblico.

[3] Senza fare un processo alle intenzioni.

[4] Presumere che basti conoscere per *essere*, oppure percepirsi come fedeli a Cristo per poi *esserlo* nella realtà.

invece...». Ma soffermiamoci un momento qui. Se noi guardiamo la sua vita da un punto di vista esterno, non troviamo grandi vicende. Teresina non ha «fatto grandi cose». I suoi racconti sono i racconti di una giovanissima suora di clausura, che non ha avuto una vita particolarmente ricca di opere straordinarie e tantomeno abbiamo i grandi favori mistici che ad esempio abbiamo in santa Teresa di Gesù, né la precisione teologica di san Giovanni della Croce o la grandezza d'intelligenza di Edith Stein. Anche la sua morte non vede grandi novità o particolari sofferenze rispetto alle tante persone, anche più giovani di lei, che sono morte di tubercolosi. Nemmeno il linguaggio dei suoi manoscritti è particolarmente elevato, è il tipico linguaggio di una ragazza di 24 anni anche se è capace di elaborare creativamente i simboli della tradizione mistica, inventando una sua simbologia che la rende unica. Insomma, Teresina vive una vita normalissima, piccola... cosa allora la rende così straordinaria e affascinante, al punto tale da «superare» i grandi mistici? Il suo «essere», come lei ha vissuto il suo limite/confine. L'illusione degli idoli postmoderni è farti vedere che per «essere» grande devi rompere limiti e confini, imposti dalla società e dalle religioni, dalla cultura e dai pregiudizi e che devi in qualche modo «fare» qualcosa di grande per essere tale. Santa Teresina è il segno di Giona che smentisce tutto questo e fa vedere la profonda menzogna che si racchiude in una logica di questo tipo.
Ma c'è un altro aspetto da recuperare. Occorre passare dal binomio «essere-fare» a:

«Essere per la Missione»

Ciò implica anzitutto una chiamata da parte del Signore, non basata su un merito nostro, ma fondata sul suo Amore Misericordioso e sulla gratuità della chiamata; infatti la nostra risposta al Signore non potrà mai essere gratuita, poiché il nostro amore verso Cristo non è creatore, ma esiste in quanto ha ricevuto da Dio in Cristo. La chiamata implica una risposta da parte nostra, un «*fiat*» costante che va rinnovato in ogni momento. La fecondità della missione è legata al nostro «rimanere nel suo amore» (Gv 15,1-17). «Essere per la Missione» ha come sua espressione più matura la paternità e la maternità spirituale, dove l'altro non è un «povero peccatore» o un «consumatore/utente», ma è «mio figlio/a»: questa è la grande svolta teresiana e ciò implica responsabilità nei confronti dei miei «figli/e» spirituali. «Essere per la Missione» vuol dire anche «sacrificarsi» per amore di Cristo e dei miei figli/e spirituali, sapendo che il mio «donarmi» in realtà è la mia salvezza. Il «pregare per» è necessario anche per il nostro cammino di santificazione o di *unione* con Cristo. Non possiamo pensare che il «pregare per» sia fruttuoso e utile solo per il soggetto per cui si prega, questo è un terribile errore da superare, un pregiudizio che non fa altro che aumentare la separazione tra noi e gli altri e alimentare il nostro orgoglio. Per mezzo del «pregare per» o addirittura per mezzo «della consacrazione come vittima all'Amore Misericordioso del buon Dio», chi prega o chi si consacra non fa altro che imparare ad acquisire magnanimità e partecipare della magnanimità di Cristo Gesù. Il principio di solidarietà coi peccatori è vero solo per Cristo.[5] Anche da questo punto di vista, per quanto riguarda noi la magnanimità acquisita e poi partecipata coincide con un cammino di salvezza per noi, o meglio, la via della «preghiera per» o «consacrazione», non è solo un atto di carità verso gli altri, ma è anche il modo in cui il Signore Gesù Cristo mi sta salvando; salvezza intesa non tanto in termini calcistici di essere salvati dall'Inferno, ma come entrare in comunione con Cristo grazie al Mistero Pasquale.

Le ragioni del dottorato.

Soffermiamoci molto brevemente su alcuni passaggi della *Litterae Apostolicae, Sancta Teresia a Iesu Infante et a Sacro Vultu, Doctor Ecclesiae universalis renuntiatur*, del 19 ottobre 1997. Il documento ci informa come siano stati analizzati tutti i suoi scritti e abbiano avuto una valutazione positiva. Ora il Papa raccoglie tutte queste indicazioni e svolge il suo discernimento e ci indica quali sono i temi teresiani principali entro cui muoverci. Non ci stiamo «riparando» dietro un documento, ma prendiamo coscienza del discernimento del Papa.

> «Durante la sua vita, Teresa ha scoperto «luci nuove, significati nascosti e misteriosi» (Ms A 83 v) e ha ricevuto dal Maestro divino quella «scienza dell'amore» che ha poi manifestato con particolare originalità nei suoi scritti (cfr. Ms B 1r). Tale scienza è l'espressione luminosa della sua conoscenza del mistero del Regno e della sua esperienza personale della grazia. Essa può essere considerata come un carisma particolare di sapienza evangelica che Teresa, come altri santi e maestri della fede, ha attinto nella preghiera (cfr. Ms C 36 r).»

È per mezzo della «scienza dell'amore» che santa Teresina ha acceduto al Mistero del Regno e ci dirà più avanti, nella *Lettera Apostolica*, che per mezzo della «scienza dell'amore» è anche riuscita a «penetrare» nelle Scritture, pur non avendo un'istruzione adeguata in merito e pur non avendo la possibilità di accedere a tutta la Scrittura ma solo a parti di essa. Quello di Teresina è quindi un carisma particolare.

[5] Vedremo con maggior chiarezza questo punto nei capitoli del libro.

> «Dallo studio accurato degli scritti di Santa Teresa di Gesù Bambino e dalla risonanza che essi hanno avuto nella Chiesa, si possono cogliere gli aspetti salienti dell'«eminente dottrina», che costituisce l'elemento fondamentale sul quale si basa l'attribuzione del titolo di Dottore della Chiesa.
> Risulta innanzitutto l'esistenza di un *particolare carisma di sapienza.* Questa giovane carmelitana, infatti, senza una speciale preparazione teologica, ma illuminata dalla luce del Vangelo, si sente istruita dal Maestro divino che, come lei dice, è «il Dottore dei Dottori» (Ms A 83 v), da cui attinge gli «insegnamenti divini» (Ms B 1 r). Sente che in lei si sono compiute le parole della Scrittura: «Se qualcuno è piccolo venga a me...; la misericordia è concessa ai piccoli» (Ms B 1 v; cfr. Pr 9, 4; Sap 6,6) e sa di essere stata istruita nella scienza dell'amore, nascosta ai sapienti e ai saggi, che il divino Maestro si è degnato di rivelare a lei, come ai piccoli (Ms A 49 r; cfr. Lc 10, 21-22).
> [...] Il suo insegnamento non è solo conforme alla Scrittura e alla fede cattolica, ma eccelle («eminet») per *la profondità e la sintesi sapienziale raggiunta.* La sua dottrina è insieme una confessione della fede della Chiesa, una esperienza del mistero cristiano ed una via alla santità. Teresa offre una sintesi matura della spiritualità cristiana; unisce la teologia e la vita spirituale, si esprime con vigore ed autorevolezza, con grande capacità di persuasione e di comunicazione, come dimostra la recezione e la diffusione del suo messaggio nel Popolo di Dio.»

Già il santo padre prepara a uno dei più importanti temi riscoperti grazie a santa Teresina e rilanciati dalla Chiesa: la vita contemplativa, attraverso la quale la santa ha potuto ricevere questo carisma particolare che la Chiesa le riconosce. La sapienza che ha raggiunto è riuscita a farle vivere la sintesi tra la Scrittura e il Credo che la Chiesa professa, sintesi che in molti nostri ambienti, sia accademici sia pastorali, fatichiamo a raggiungere; la domanda è se sia un problema intellettuale o un problema di «vita contemplativa», dato che santa Teresina ha potuto raggiungerla grazie alla sua dedizione al suo amore per la vita contemplativa. La Scrittura poi sarà, nel discernimento del papa, la fonte principale dell'ispirazione teresiana.

> «Essa ha fatto risplendere nel nostro tempo il fascino del Vangelo; ha avuto la missione di far conoscere ed amare la Chiesa, Corpo mistico di Cristo; ha aiutato a guarire le anime dai rigori e dalle paure della dottrina giansenista, più incline a sottolineare la giustizia di Dio che non la sua divina misericordia. Ha contemplato ed adorato nella misericordia di Dio tutte le perfezioni divine, perché «perfino la giustizia di Dio (e forse più di ogni altra perfezione) mi sembra rivestita d'amore» (Ms A 83 v). È divenuta così un'icona vivente di quel Dio che, secondo la

> preghiera della Chiesa, «omnipotentiam suam parcendo maxime et miserendo manifestat» (cfr. Missale Romanum, *Collecta*, Dominica XXVI «per annum»).»

Il cristianesimo era profondamente ferito dal giansenismo, dal fascino che il suo rigorismo emanava e dalla «giustizia» di Dio, e per certi aspetti almeno in alcuni ambiti lo è tutt'ora; è solo grazie al contributo di Santa Teresina che abbiamo avuto la comprensione di una Giustizia di Dio non staccata, bensì profondamente legata alla Sua Misericordia.

> «Il nucleo del suo messaggio, infatti, è il mistero stesso di Dio Amore, di Dio Trinità, infinitamente perfetto in sé stesso. Se la genuina esperienza spirituale cristiana deve coincidere con le verità rivelate, nelle quali Dio comunica sé stesso e il mistero della sua volontà (cfr. *Dei Verbum*, n.2), occorre affermare che Teresa ha fatto esperienza della divina rivelazione, giungendo a contemplare le realtà fondamentali della nostra fede unite nel mistero della vita trinitaria. Al vertice, come sorgente e termine, l'amore misericordioso delle tre Divine Persone, come essa lo esprime, specialmente nel suo *Atto di offerta all'Amore misericordioso*. Alla base, dalla parte del soggetto, l'esperienza di essere figli adottivi del Padre in Gesù; tale è il senso più autentico dell'infanzia spirituale, cioè l'esperienza della figliolanza divina sotto la mozione dello Spirito Santo. Alla base ancora e di fronte a noi, il prossimo, gli altri, alla cui salvezza dobbiamo collaborare con e in Gesù, con lo stesso suo amore misericordioso.»

Il suo «*Atto di offerta all'Amore misericordioso*» è espressione d'amore e risposta d'amore, non un atto titanico. In secondo luogo il Papa ci indica qual è il senso profondo dell'infanzia spirituale teresiana: «l'esperienza (mistica) di essere figli del Padre in Gesù sotto la mozione dello Spirito Santo». Ciò è stato possibile grazie alla sua profonda esperienza di Gesù Cristo, perché ha saputo mettere al centro della sua vita cristiana Cristo Gesù. Da questo punto di vista abbiamo la narrazione autobiografica della teologia di Nicola Cabasilas, il quale in maniera radicale, e ancora oggi profetica, mette al centro insuperabile della vita cristiana proprio Cristo e la possibilità di accedere all'*unione* con Dio solo grazie all'*unione* con Cristo. Seguendo l'interpretazione di Cabasilas, anche lei giungerà alle stesse conclusioni, infatti il santo padre ci parla dell'illuminazione particolare che santa Teresina avrà proprio della Chiesa, Mistico Corpo di Cristo: arrivando ad abitare nel Cuore di Cristo arriverà ad essere pienamente incorporata nel Cuore della Chiesa.

> «Gesù, io nel tuo Cuore mi nascondo
> e non temo più: mia forza sei tu!» (P23,7)

«nel Cuore della Chiesa, mia Madre, sarò l'Amore!... Così sarò tutto... così il mio sogno sarà realizzato!!!...» (Manoscritto C, 254)

Molto ha contribuito l'educazione liturgica e alla preghiera che i suoi santi genitori le hanno impartito. Molto bello è questo commento del papa:

> «ha imparato quasi parola per parola il *Catechismo* (cfr Ms A 37 r-37 v). Alla fine della sua vita ha scritto con il proprio sangue il Simbolo degli Apostoli, come espressione del suo attaccamento senza riserve alla professione di fede.»

Anche il libro «l'*Imitazione di Cristo*» ha svolto la sua parte importante nell'educazione della santa. Il magistero della Chiesa ha recepito alcuni temi teresiani.

> «Segno della recezione ecclesiale dell'insegnamento della Santa è *il ricorso alla sua dottrina in molti documenti del Magistero ordinario della Chiesa*, **specialmente quando si parla**

- della vocazione contemplativa e missionaria,
- della fiducia in Dio giusto e misericordioso,
- della gioia cristiana,
- della vocazione alla santità. [6]

> Ne è una testimonianza la presenza della sua dottrina nel recente Catechismo della Chiesa Cattolica (nn. 127, 826, 956, 1011, 2011, 2558). Colei che tanto amò imparare nel catechismo le verità della fede, ha meritato di essere annoverata fra i testimoni autorevoli della dottrina cattolica.»

Il papa associa due temi che nell'Oriente cristiano sono pacifici, ma che in occidente in realtà non lo sono: «Contemplazione e missione». Sono due realtà che non possono essere in alcun modo dissociate, sono due elementi strettamente intrecciati. La Chiesa, dice il papa, ha recepito da lei l'importanza della vita contemplativa e, in forza della comunione con Cristo, il nostro «fiat» che si tramuta in un «essere» mandati da Cristo nella Missione.

[6] Questa particolare suddivisione del paragrafo è opera mia, perché isolare i singoli temi ne aiuta la comprensione.

Un altro binomio, ancora inedito nella nostra vita cristiana, è «fiducia in un Dio giusto e misericordioso». Dio è giusto perché ci «giustifica» e ci «santifica».

Infine: tutti siamo chiamati alla santità, essa non è appannaggio ed esclusiva solo dei religiosi/e o dei sacerdoti, ma è la chiamata a rispondere alla vocazione di Dio giusto e Misericordioso.

Sembra un po' inverosimile che la Chiesa abbia recepito il tema della «gioia» cristiana guardando il punto di vista di Teresina. A questo riguardo vediamo due brani inerenti alla gioia in Teresa di Lisieux:

> «In un attimo capii cos'era la vita, fino allora non l'avevo vista così triste, ma essa mi apparve in tutta la sua realtà, capii che non era che una sofferenza e una separazione continua. Versai lacrime molto amare, perché non capivo ancora la *gioia* del sacrificio, ero *debole*, talmente *debole* che considero una grande grazia aver potuto sopportare una prova che sembrava essere molto al di sopra delle mie forze!... Se avessi saputo poco alla volta della partenza della mia Paolina diletta, forse non avrei sofferto così tanto ma avendolo saputo di sorpresa, fu come se una spada mi si fosse conficcata nel cuore.» (Manoscritto A, 82)

Santa Teresina ha appena appreso, in maniera imprevista, la partenza di Paolina, da lei considerata la sua seconda mamma, per il Carmelo. È quindi il «secondo lutto materno che deve elaborare». Questo fatto le permette di avere una visuale più «reale e concreta» della vita: la vita è una sofferenza e una separazione continua. Quest'affermazione può essere più o meno condivisa a diversi livelli, tuttavia ci sono momenti della nostra vita in cui possiamo dire di riconoscerci e ci riflettiamo in questa visione. Quindi la nostra santa non era una ingenua o una sprovveduta, tutt'altro. Non dimentichiamoci che già il primo lutto per lei fu difficile e le aveva modificato il carattere e ora dovrà affrontare una nuova separazione, che non si rivelerà affatto facile. Alla morte della mamma Teresina aveva circa 4 anni, quando invece Paolina è entrata al Carmelo aveva 9 anni: sappiamo che nel suo caso particolare è un evento che rischia di avere ripercussioni serie sulla sua psiche. Nel «rileggere» la sua vicenda, Teresina è qui che inserisce il tema della gioia: «la gioia del sacrificio». Se vogliamo dirla in altri termini, la ricompensa, la gioia sta proprio nel sacrificio stesso, nel bene che compio. Questa idea per noi forse nuova è in realtà molto antica perché proviene dalla tradizione ebraica, dove la ricompensa del bene che facciamo sta nel bene stesso; il percorso mistico di Teresina la porterà a queste conclusioni, che saranno per lei una prospettiva liberatoria e completa.

> «Se già nella sofferenza, nella lotta, si può godere per un istante di felicità che supera tutte le felicità della terra, pensando che il buon Dio ci ha ritirate dal mondo, che sarà mai in Cielo quando vedremo, in un'esultanza e riposo eterni la grazia incomparabile che il Signore ci ha fatto scegliendoci perché abitassimo nella sua casa, vera porta dei Cieli?» (Manoscritto C, 326)

È nella sofferenza che Teresina sperimenta la gioia, proprio perché la riempie del suo amore per Cristo, ma questo punto lo riprenderemo. Ora, per un uomo la domanda circa la sofferenza è: «perché?», da questo punto di vista il cristiano, che è chiamato ad attraversare la sofferenza, alla luce del vangelo è chiamato a trovare la «promessa della vita» (cfr. Gv 14,6) non solo nella sofferenza ma anche in tutti quegli ambiti dove questa promessa sembra sia smentita; per Teresina la chiave di volta è proprio la prospettiva del sacrificio, non inteso in termini doloristici, inteso invece cristologicamente: «mettere l'Amore di Dio, proprio là dove quell'Amore non c'è».

> «Teresa è, poi, una *contemplativa*. Nel nascondimento del suo Carmelo ha vissuto la grande avventura dell'esperienza cristiana, fino a conoscere la lunghezza, la larghezza, l'altezza e la profondità dell'amore di Cristo (cfr Ef 3, 18-19). Dio ha voluto che non rimanessero nascosti i suoi segreti, ma ha abilitato Teresa a proclamare i segreti del Re (cfr Ms C 2 v·). Con la sua vita Teresa offre una testimonianza ed un'illustrazione teologica della bellezza della vita contemplativa, come totale dedicazione a Cristo, Sposo della Chiesa, e come affermazione viva del primato di Dio su tutte le cose. La sua è una vita nascosta che possiede una arcana fecondità per la dilatazione del Vangelo e riempie la Chiesa ed il mondo del buon odore di Cristo (cfr LT 169, 2 v).».

È qui che percepiamo la vertigine dell'altezza, ma ricordiamoci che non stiamo parlando di una vita ricca di grandi visioni o di grandi prodigi o miracoli come era la vita della grande Teresa, la grande donna riformatrice del Carmelo acclamata ancora oggi. Non stiamo parlando di una grande filosofa come santa Teresa Benedetta della Croce o di un grande mistico teologo come san Giovanni della Croce, che eccellono nella loro qualità teologica, filosofica e brillano per il loro stile letterario, stiamo parlando della piccola Teresina. Di una monaca qualunque che come tante monache qualunque è morta giovane di una comunissima tubercolosi, malattia diffusa al suo tempo. Perché allora tutta questa vertigine? Perché «è stata» grande e ha riempito di grandezza la sua piccola vita.

Il Giansenismo

Anzitutto una doverosa sintesi sul giansenismo, poiché molti dei grandi santi di quel periodo furono accusati di questa eresia per via della loro posizione ambigua nei confronti del rigorismo morale del giansenismo.
Ci soffermeremo molto sinteticamente sul giansenismo dogmatico, poiché oggi questo aspetto non è più oggetto di dibattito; ma ci soffermeremo anche sulla pratica, sull'aspetto morale-spirituale, per due motivi:

1. il giansenismo dogmatico non è rilevante per il nostro discorso,
2. vi è un «gruppo» che tenta molto timidamente di riproporre il giansenismo, soprattutto per quanto riguarda il suo aspetto morale-spirituale, molti gruppi di preghiera conoscono la loro popolarità grazie ad un irrigidimento della morale molto forte.

Ci richiameremo al testo di Luigi Fontana Giusti, *Port-Royal, Ultrecht, Pistoia, il movimento giansenista nella storia religiosa e nella formazione morale della società europea*, Gangemi Editore, 2013 Roma.

Breve sintesi storica.
Per quanto riguarda il giansenismo:

> «è una corrente di pensiero teologico, nonché politico-ecclesiastico, sviluppatasi nella Chiesa cattolica fra il 1600 e il 1800, che muoveva dal testo *Augustinus* di Giansenio, nel quale veniva posto il problema dei rapporti fra grazia e libero arbitrio. Secondo questo pensiero l'uomo è indotto al male dalla propria concupiscenza e solo nell'intervento della grazia divina può trovare approdo alla salvezza. La grazia non è concessa però a tutti gli uomini, ma solo a quelli che Dio ha stabilito nei suoi imperscrutabili disegni.
> Il movimento del giansenismo professava inoltre un certo rigorismo in materia morale e un'affermazione dello stato di equiparazione fra il Papa e i Vescovi.
> Ritenuto eretico, soprattutto in seguito alle critiche dei Gesuiti, il movimento fu condannato da Papa Innocenzo X nel 1653, ma ebbe un rapido sviluppo sia in Francia, dove ebbe il suo centro propulsore nell'abbazia di Port-Royal des Champes (chiusa e distrutta ai primi del '700 ad opera di Luigi XIV) trovando consenso in parecchi autorevoli esponenti come Pascal, sia in Italia.»
> (tratto da https://it.wikipedia.org/wiki/Giansenismo).

Le principali idee del giansenismo si raccolgono intorno a tre punti:
1. un giansenismo dogmatico, il cui maggior rappresentante fu Giansenio
2. un giansenismo morale, col suo maggior esponente in Antoine Arnauld
3. un giansenismo disciplinare, legato alla figura di Jean Duvergier de Hauranne

Le cinque proposizioni tratte da Nicolò Corbert della Sorbona, difese tutt'ora dai neo-giansenisti stessi, sono:
1. alcuni comandamenti sono impossibili anche agli uomini giusti, che si sforzano di eseguirli, in quanto anche a loro manca la grazia;
2. nello stato di natura decaduta non si resiste mai alla grazia interiore che viene da Dio;
3. per meritare nello stato di natura decaduta non è necessario che ci sia nell'uomo una libertà da necessità; basta la libertà da costrizione;
4. è eretica, perché semipelagiana, l'affermazione dell'esistenza di una grazia sufficiente a cui la volontà può resistere;
5. è semipelagiano affermare che Cristo è morto per tutti gli uomini senza alcuna eccezione;
Durante l'assemblea del clero del 1650, quasi 80 vescovi posero la propria firma ad una lettera che chiedeva l'intervento del papa sulle cinque proposizioni della Sorbona.

Come possiamo notare da un primo sguardo, alcune idee sono ritornate oggi in auge, infatti ricordo la discussione biblica-teologica attorno al «*pro multis*», dove alcuni affermano che Cristo non è morto per tutti, in questo senso è intervenuto due volte Papa Benedetto XVI sia nel secondo volume intitolato *Gesù di Nazareth*, sia con una lettera indirizzata alla «Presidente della conferenza episcopale tedesca», Dal Vaticano, 14 aprile 2012.
Alessandro VII condannò con la bolla *Ad sacram beati Petri sedem* (1656) le tesi relative alla cinque proposizioni che Niccolò Corbert della Sorbona aveva estratto dal libro di Giansenio.
Tuttavia il giansenismo resistette e rifiutò il pronunciamento della Santa Sede che intervenne nuovamente con la bolla *Cum occasione.*
Nel frattempo la polemica intorno all'*Augustinus* e ai trattati di Arnauld continuavano, con diverse pubblicazioni. Il rettore della Sorbona, Nicola Cornet, nel 1649, propose di far esaminare alla facoltà le proposizioni o articoli che causavano i maggiori disordini e precisamente:
Innocenzo X preparò una speciale commissione per studiare le proposizioni. Il lavoro durò due anni, il 9 giugno 1653 era pronta la bolla *Cum occasione*, nella quale le cinque proposizioni erano condannate, le prime quattro come eretiche e l'ultima come falsa in senso eretico. La bolla, senza

dirlo, affermava implicitamente che le proposizioni si trovavano nell'*Augustinus*. In realtà solo la prima proposizione si trova integralmente e negli stessi termini nell'opera dello Jansen.
Questa bolla fu uno dei tentativi della Chiesa di porre un freno al dilagante giansenismo che in quel periodo trovava sempre più consensi. Fu per questo istituita, dal Papa in persona, una commissione speciale che dovette analizzare cinque frasi in particolare; frasi che i giansenisti ritenevano non corrispondenti in realtà con il pensiero di Giansenio.
Le dottrine di Giansenio furono condannate in blocco da papa Innocenzo X nel 1653 con la bolla *Cum occasione*. In essa la Chiesa ribadisce:

1. che l'uomo resta realmente libero anche dopo il peccato;
2. che egli può compiere azioni moralmente buone anche senza il concorso della grazia;
3. che Cristo è morto per la salvezza di tutti gli uomini.

> «In seguito alla controversia giansenista nell'ambito del cattolicesimo, le scuole di Port-Royal furono accusate di eresia. Nel 1679 fu proibito al monastero di accettare novizi, la qual cosa lo condannò all'estinzione. Il monastero stesso venne soppresso dalla bolla di papa Clemente XI nel 1708, i religiosi che vi rimanevano furono espulsi a forza nel 1709 e gli edifici furono rasi al suolo nel 1710 e il luogo del monastero divenne proprietà dell'abbazia di Port-Royal di Parigi.» (tratto da https://it.wikipedia.org/wiki/Port-Royal_des_Champs#Port-Royal_des_Champs_e_il_giansenismo)

Fra il clero, anche fra il basso clero, non mancarono pii e pensosi preti e parroci soprattutto piemontesi o lombardi, zelanti e ferventi, desiderosi di riforme e in rapporto fra loro, che vissero intensamente la vita religiosa e attinsero stimoli dagli opuscoli morali dei grandi scrittori di Port-Royal.
Ancora nella seconda metà dell'Ottocento la sorella di san Leonardo Murialdo lasciava in dono al proprio figlio un libretto, *Le jour évangélique*, in cui erano stati raccolti alcuni pensieri religiosi di un grande giansenista di Francia, l'oratoriano Pasquier Quesnel, un autore che – a proposito di santi – fu molto letto e utilizzato anche da Sant'Alfonso Maria de' Liguori.

Aspetto morale e spirituale.

Soffermiamoci ora, sinteticamente, sull'**aspetto morale-spirituale**. La spiritualità giansenista anzitutto si contrappone al realismo, che tutto, a loro giudizio, pervade; il giansenismo nega la modernità, che ritiene essere necessaria per conseguire immediate soddisfazioni; egli si contrappone anche al relativismo morale, che placa ogni scrupolo sotto l'usbergo o la giustificazione dell'urgente delle cose che ci circondano e degli stili molteplici che ci invitano alla facilità o alla faciloneria superficiale del conseguire nelle cose un simulacro di felicità.[7]

> «Nell'arte del vivere e del sopravvivere quotidiano sembra proprio che i "giansenisti", che si ergono a propugnatori e difensori del prevalere dell'etica da vivere senza tentennamenti, siano destinati a soccombere. La vita detta normale non può non essere più forte di loro e l'uomo non può esimersi o non può sfuggire da accomodamenti e da ammiccamenti per diventare vittima, spesso volontaria, dell'attrazione della mediocrità dei sentimenti e dal miraggio dei vantaggi offerti dalla capacità di adeguarsi alla flessibilità morale.»[8]

Il giansenismo, come tutte le filosofie, si propone come una «fucina» di un modo di «essere e di fare»; il rigorismo morale che il giansenismo propone, ha come esito, quello, appunto, di proporsi come un modo di essere e di fare nella società:

> «Rigorismo morale non per una soddisfazione della propria ansia di redenzione o di colloquio con Dio, ma rigore per rendere alla vita quotidiana associata il suo senso teologico a vantaggio del bene comune.»[9]

Val la pena riportare un'altra citazione tratta dall'introduzione, che ci dà un'idea migliore di che cosa s'intenda per «rigorismo morale»:

> «La seconda, l'empito di valori spirituali ben oltre il profilo teologico (grazia efficace e non solo sufficiente per la propria salvezza): forza di carattere, esigenza di introspezione, ricerca spirituale di sé stessi, coscienza del proprio dovere. Non per fini ascetici di allontanamento o di abbandono delle cose mondane, ma esaltazione del proprio io in una volontà di elevazione spirituale e quindi di affinamento etico... il rigore morale non è solo grazia, ma conquista: conquista non necessariamente per il Paradiso, ma conquista perché il mondo in cui siamo

---

[7] Cfr. LUIGI VITTORIO FERRARIS, in *Port-Royal, Ultrecht, Pistoia, il movimento giansenista nella storia religiosa e nella formazione morale della società europea*, Gangemi Editore, 2013 Roma, pag. 7.

[8] LUIGI VITTORIO FERRARIS, in *Port-Royal, Ultrecht, Pistoia, il movimento giansenista nella storia religiosa e nella formazione morale della società europea*, Gangemi Editore, 2013 Roma, pag. 7.

[9] *Ibid*, pag. 8.

chiamati ad operare abbia ragione della caducità di quanto nell'immediato si pretende di ottenere, in beni materiali e nella concretezza solo apparentemente immateriale del potere.»[10]

Importante, nel giansenismo e nel nostro discorso, è il sinodo di Pistoia. In Italia il giansenismo ebbe un'influenza limitata, fatta salva l'opera del vescovo di Pistoia e Prato, Scipione de' Ricci, che riuscì ad influenzare il clero e i politici toscani, soprattutto il granduca Pietro Leopoldo organizzando il Sinodo di Pistoia per promuovere il Giansenismo. Tale sinodo fu condannato da Papa Pio VI con la bolla *Auctorem Fidei* del 28 agosto 1794, che condannò anche il giansenismo in Italia. In questo «sinodo» si fece appello a seguire «*il metodo della vita dei signori Port Reale*» (LXXXVII proposizione), ci fu l'invito a ridurre gli Ordini religiosi a «*un Ordine solo*» avente come Regola, la Regola di San Benedetto. Un'altra decisione di questo «sinodo» fu quella di «*rimuovere dalle chiese tutte le immagini che presentavano falsi dogmi, come sarebbero quelle del Cuor Carneo di Gesù*» (LXVI proposizione), l'idea era quella di togliere, a giudizio dei giansenisti, «*ogni ombra di superstizione*» nelle pratiche esteriori di devozione «verso la Beata Vergine e gli altri Santi» (LXVIII proposizione), giudicate da loro eccessive e non in sintonia con i tempi e le esigenze della maggioranza dei fedeli.
Per molti personaggi di quel tempo, e anche ai nostri giorni, l'elemento centrale che ha portato al rilancio del rigorismo è stato il decadimento morale della Chiesa; prova ne è il fatto che spesso alcune importanti separazioni, deviazioni e scismi, come il giansenismo, sono «nate» come reazione al decadimento morale della Chiesa. Vi è da domandarsi se la risposta, che ad esempio il giansenismo ha dato a questo decadimento morale, non solo sia corretta, ma se sia frutto e opera dello Spirito. Un altro aspetto significativo:

> «E in effetti la pur nobilissima dimensione spirituale e morale del «giansenismo» è sempre stata più portata dall'esigenza di operare per correggere le gravi distorsioni della «Città terrena» che non dall'aspirazione di astrarsene compiutamente per rivolgersi misticamente alla «Città di Dio»; più rivolta alla giustizia che alla santità; più austera ed esigente nei giudizi e nei comportamenti, che non generosa e santificante negli atteggiamenti e nelle aspirazioni, nella sua «perfezione senza santità». (B. Matteucci).
> …Appare evidente che, mentre la Chiesa Cattolica non può che augurarsi (e rallegrarsi per) l'avvento di nuovi santi, la società civile ha soprattutto bisogno di «giusti», essendo più proficua (penso soprattutto all'Italia contemporanea) una diffusa moralità pubblica che non – pur

[10] *Ibid*, pag. 8-9.

gloriose – santità individuali, anche se poi gli uni e gli altri – giusti e santi – tornano comunque a vantaggio e a gloria della Chiesa universale, oltre che delle rispettive società civili.»[11]

In questa prospettiva, il monastero a cui il giansenismo fa riferimento, quello di Port-Royal, è il segno che questa «giustizia» non solo sia possibile, ma si debba realizzare; in questa visione il monastero di Port-Royal costituisce un modello che ha fecondato la cultura e la spiritualità europea, con la sua abnegazione e il suo senso del dovere, col suo rigore e col suo sacrificio, ma non solo: ha anche arricchito sia la «Città terrena», sia la «Città di Dio».

Per quanto riguarda Pascal, era certamente vicino ad ambienti giansenisti: attualmente il dibattito teologico consiste nel definire se Pascal avesse aderito o meno al giansenismo, gli esperti stanno dibattendo e non siamo giunti ad una soluzione.

Prima di una valutazione occorre precisare uno degli elementi che emerge in modo ponderante nel libro e che noi non abbiamo evidenziato, ovvero: l'influenza che ha avuto il giansenismo sulla cultura europea in particolar modo sul Risorgimento italiano. Possiamo dire che, alla luce dei documenti papali e della forte lotta che tutti i Papi hanno svolto contro il giansenismo, l'influenza del giansenismo non è avvenuta solo in alcuni settori della Chiesa, ma anche nel contesto e nella società europea. Il monastero di Port-Royal ha cominciato il suo percorso spirituale con delle buone intenzioni di riforma della Chiesa ed è finito su dubbie posizioni ed è diventato, infine, un punto di riferimento, come il monastero stesso voleva, per tutto il movimento giansenista.

La proposta giansenista è partita con un nobile ideale, l'intenzione era quella di «reagire» al decadimento morale e ad una Chiesa:

> «Nè bisogna dimenticare le condizioni di decadenza morale della Chiesa che faceva dire allo stesso Cardinal Bellarmino: «Alcuni anni avanti le eresie di Lutero e di Calvino, non vi era secondo la testimonianza di tutti gli autori contemporanei, né disciplina nei costumi del clero, né cognizione delle scienze sacre, né rispetto per le cose divine: finalmente quasi più non eravi religione».»[12]

Valutazioni.

---

[11] LUIGI FONTANA GIUSTI, *Port-Royal, Ultrecht, Pistoia, il movimento giansenista nella storia religiosa e nella formazione morale della società europea*, Gangemi Editore, 2013 Roma, pag. 37-38.

[12] *Ibid*, pag. 24.

Il giansenismo e altre eresie come quelle elaborate da Lutero e Calvino sono quindi «nate» come «reazione/risposta» al decadimento morale non tanto della Chiesa, ma dei «figli» della Chiesa. Così sembrerebbe giustificato e spiegato il forte rigorismo morale giansenista, ma qui occorre porci una domanda: vi era un decadimento morale o spirituale? Se erano tutti e due, quale dei due costituisce la «radice» del problema? Non è secondario rispondere a queste domande perché è la risposta a queste domande che rivela la fragilità, non solo del giansenismo, ma di tutti quei movimenti spirituali che pongono un irrigidimento della vita morale e delle pratiche spirituali della fede.
Soffermarsi all'aspetto del decadimento morale e la reazione che ne consegue rileva in realtà, come abbiamo fatto notare tra le righe, la mancanza di discernimento. I Padri direbbero che il decadimento morale è causato dall'ignoranza di Dio, ovvero, dalla non conoscenza (in senso biblico) di Dio.

> «[6]Gli disse Gesù: «Io sono la via, la verità e la vita. Nessuno viene al Padre se non per mezzo di me. [7]Se avete conosciuto me, conoscerete anche il Padre mio: fin da ora lo conoscete e lo avete veduto».
> [12]In verità, in verità io vi dico: chi crede in me, anch'egli compirà le opere che io compio e ne compirà di più grandi di queste, perché io vado al Padre. [13]E qualunque cosa chiederete nel mio nome, la farò, perché il Padre sia glorificato nel Figlio. [14]Se mi chiederete qualche cosa nel mio nome, io la farò.»» (GV 14,6.12-14).

Una posizione sintetica in merito al rapporto tra la capacità dell'uomo di fare il bene in sé e la grazia possiamo trovarla riformulata in maniera differente nel testo di Maurizio Chiodi:

> «In modo circolare, nella struttura teologica della coscienza morale si inscrive l'esperienza della fede cristiana. Questa non si presenta come il luogo della particolarità, poiché essa stessa attesta di sé che l'attesa di tutti è portata a compimento. La fede del cristiano riconosce nella Rivelazione cristologica la realizzazione della promessa di vita che come uomo gli appartiene in modo costitutivo e che attende e invoca senza poterla produrre. Il compimento suppone dunque l'anticipazione e la trascende, poiché la promessa anticipa (*a priori* fenomenologico) la necessità senza poterla dedurre da sé. Il compimento è tale poiché esso *attua* la verità della relazione teologica che appartiene all'identità (relazione) dell'uomo con la sua forma morale.»[13]

[13] MAURIZIO CHIODI E MASSIMO REICHLIN, *Laicità e bioetica, prospettive filosofiche e teologiche sulla vita*, Editrice Morcelliana, Brescia 2016, pag. 109-110.

All'origine quindi, come direbbero i Padri, il decadimento morale ha come suo «*peccato originale*» una mancanza di fede, un non accoglimento del mistero, un rifiuto che poi ha come conseguenza l'allontanamento da Dio: un agire idolatra. «L'irrigidimento morale» senza la prospettiva di accoglienza del mistero e senza la povertà spirituale, porta inevitabilmente ad un accrescimento dell'orgoglio e ad un atteggiamento di giudizio e di contrasto nei confronti del prossimo, nonché ad una presunzione intima di auto-salvezza. In occidente è sempre molto forte la tendenza ad irrigidire la morale per vivere un'esperienza di fede, possiamo vederlo in molti gruppi anche ai nostri giorni. È un po' con questo spirito che il giansenismo si rapporta anche al mondo, infatti il giudizio sul mondo è molto negativo e su questo aspetto alcune interpretazioni del Vangelo potrebbero dar loro ragione. Ciò che risulta problematico è il giudizio negativo che il giansenismo elabora nei confronti dell'aspetto morale degli «altri», esso azzera ogni possibile bene che può esserci anche nell'uomo e il senso di superiorità che il giansenismo ha radicato in sé espone chi coltiva questa prospettiva di vita/fede a elevarsi-differenziarsi rispetto agli altri. Occorre tener presente che ciò che del mondo va rifiutato-rifuggito e da cui occorre convertirsi, è la sua logica, la sua filosofia egoistica di vita e non tanto «mondo» in quanto creazione o uomo: un significativo parallelo biblico lo abbiamo nel libro dell'Esodo, dove il «mondo» è simbolicamente rappresentato «dall'Egitto». In questo senso, neppure il rigorismo morale può essere immune dalla logica del mondo pur vivendo al di fuori della modernità, poiché la «modernità» di per sé è neutra e non coincide con il «mondo-Egitto»; ci ricorda in altri termini san Giovanni della Croce che ciò che corrompe la modernità e la trasforma in un qualcosa di deleterio, cioè «mondo-Egitto», è la logica egoistica dell'uomo.

> «[15]Non amate il mondo, né le cose del mondo! Se uno ama il mondo, l'amore del Padre non è in lui; [16]perché tutto quello che è nel mondo - la concupiscenza della carne, la concupiscenza degli occhi e la superbia della vita - non viene dal Padre, ma viene dal mondo. [17]E il mondo passa con la sua concupiscenza; ma chi fa la volontà di Dio rimane in eterno!» (1Gv 2,15-17)

Molto interessante è il seguente commento:

> «v 15. «Il mondo e le cose del mondo» designano dunque quanto può ostacolare «l'amore del Padre». L'espressione dev'essere nuovamente intesa nel duplice significato di un genitivo oggettivo: l'amore che ci porta il Padre, e di un genitivo soggettivo: l'amore che noi gli portiamo. Ci si rivolge direttamente al Padre, non al Cristo. Cristo è mediazione del Padre. L'amore di Cristo è ordinato all'amore del Padre. Un autentico amore del mondo richiede che il mondo non faccia da schermo all'amore del Padre. Questo richiede un lungo lavoro; un certo

amore disordinato del mondo resiste infatti all'amore del Padre. Il condizionale esprime questa possibilità.»[14]

La tradizione dei Padri concorda nel confermare la bontà della creazione e del mondo, tuttavia se dalla creazione noi «togliamo Dio», ovvero, lo escludiamo e «facciamo come se non esistesse» ecco che diventa come «l'albero della conoscenza del bene e del male», una «grande mela» da cogliere e mangiare per diventare saggi e di conseguenza «*la concupiscenza della carne, la concupiscenza degli occhi e la superbia della vita*» sono il frutto del nostro «allontanare Dio dalla nostra vita» e il rapporto che abbiamo costruito con il mondo -senza Dio- non fa altro che amplificare e sviluppare queste tre passioni, «proprie del mondo senza Dio» divenuto non «specchio della Sua gloria» ma fine da possedere per divenire «potenti» secondo il mondo (cfr. Gn 3).
Un'altra importante osservazione la possiamo trovare di seguito:

«««Nomismo del patto» può essere una definizione appropriata di una religione radicata sul dono della *Torah* al Sinai: una *Torah* che non consiste soltanto nei 613 comandamenti individuati dai maestri nella Legge scritta, ma anche nella legislazione rabbinica, ancora in divenire e anch'essa cogente per il popolo di Dio.
...Ci chiediamo se ciò possa comportare il rischio del legalismo, di un certo autocompiacimento nel vivere -per utilizzare una terminologia paolina- «sotto la Legge», adempiendone puntigliosamente le opere. Nel massimo rispetto per il giudaismo rabbinico, non ci sentiamo di escludere questo rischio, che d'altra è stato più volte denunciato nella stessa tradizione d'Israele. Si pensi ad esempio al chassidismo, il movimento mistico di risveglio dell'ebraismo orientale, che non lesinò critiche anche severe a un approccio troppo legalistico e compiaciuto di sé ai testi della tradizione.»[15]

Il rischio di un autocompiacimento che deriva da un «forte rigidismo morale e delle pratiche» era già stato denunciato da san Giovanni della Croce in un suo celebre intervento:

«5. Oh!, chi potrà far comprendere, praticare e gustare tutta l'importanza di questo consiglio del nostro Salvatore? Egli chiede di *rinnegare se stessi*, affinché le persone spirituali vedano quanto il modo di comportarsi in tale cammino sia diverso da quello che molte di loro immaginano.

---

[14] YVES SIMOENS, *Le tre lettere di Giovanni, credere per amare,* EDB Frascati (RM) 2012, pag. 101.

[15] LUIGI CATTANI, *La gratuità della salvezza nel giudaismo rabbinico*, in Parole spirito e vita, Salvati per grazia, numero 75, EDB, bologna 2017, pag. 85-86.

Alcune, infatti, pensano che basti una qualsiasi forma di ritiro o di riforma della vita; altre si limitano a esercitarsi in qualche modo nella virtù, nella pratica dell'orazione e della mortificazione, ma senza arrivare allo spogliamento e alla povertà, all'abnegazione e alla purezza spirituale – che sono un tutt'uno – consigliatici qui dal Signore. Si preoccupano, infatti, più di nutrire e ricoprire la loro natura di consolazioni e sentimenti spirituali che di spogliarla e privarla di ogni conforto per amore di Dio. Pensano che basti mortificarla nei piaceri del mondo e non che debba essere annientata e purificata anche nella sua parte spirituale. Avviene dunque che, quando si presenta loro l'opportunità di compiere un atto di virtù solido e perfetto, come l'annullamento di ogni soavità in Dio, la permanenza nell'aridità, nelle avversioni, nelle sofferenze – cose in cui consiste la pura croce spirituale, la nudità e la povertà di spirito del Cristo –, tali persone rifuggono tutto questo come se fosse la morte e vanno solo in cerca di dolcezze e soavità nei rapporti con Dio. Ma questo non è rinnegare se stessi né nudità di spirito, bensì golosità spirituale! Agendo così, esse si rendono *nemiche della croce di Cristo* (Fil 3,18), perché il vero spirito cerca nel Signore più l'amaro che il dolce, propende più per la sofferenza che per la consolazione, più per la mancanza di ogni bene per amore di Dio che per il possesso, più per le aridità e le afflizioni che per le dolci comunicazioni, sapendo che questo significa seguire Cristo e rinnegare se stessi; il resto, invece, è cercare se stessi in Dio, cosa molto contraria all'amore. Infatti, cercare se stessi in Dio significa ricercare i doni e le consolazioni di Dio, mentre cercare unicamente Dio non è solo voler rinunciare a tutto per amore di Dio, ma essere propensi a scegliere per Cristo quanto di più disgustoso vi possa essere, sia da parte di Dio che del mondo. Questo è amore di Dio.» (2 Salita 7,5)

Questo testo di san Giovanni della Croce ci mostra in modo eccellente che il rigidismo morale e delle pratiche non è garanzia di un'esperienza spirituale e anch'esse possono divenire «mondo» nella misura in cui alimentano il nostro autocompiacimento. La tendenza alla rigidità morale e delle pratiche fa parte della nostra umanità da convertire, non è mai segno della presenza dello Spirito: di questo anche la tradizione dei Padri esicasti ne dà una ampissima conferma.

Un altro aspetto che merita di essere messo in evidenza, ovvero il nodo tematico, non affrontato e non tematizzato dal giansenismo e oggetto di dibattito da qualche anno fino ai nostri giorni, è **il rapporto tra ascetica e mistica**. Sembra assodato che nel cammino spirituale venga prima la mistica,[16] ovvero, il dono di Dio è gratuito e accediamo alla salvezza non per i nostri meriti ma per l'Amore Misericordioso di Dio Rivelato e donato a noi nel Cristo Gesù. Successivamente, quando al credente viene chiesta una risposta e una collaborazione, che possiamo chiamare ascetica, la

[16] Già padre Maria Eugenio di Gesù Bambino lo affermava con grande serenità nei primi anni del novecento.

crescita spirituale non deve mai concepirsi come il «frutto della mia volontà» e il passaggio ai diversi livelli spirituali non deve mai essere concepito in senso «meritorio» nel senso volontaristico e retributivo, quasi come fosse un atto dovuto da parte di Dio «pagarci» per la nostra pratica e vita di fede.

È da questo atteggiamento di «conquista» che nascono sia il giudizio negativo nei confronti di chi non compie la stessa strada, sia la pretesa di fronte a Dio, che si trasforma in protesta a volte anche feroce nel momento in cui le nostre attese non sono ripagate e Dio «non si sdebita» nei nostri confronti; l'incapacità di riconoscere il «dono» di Dio mette in moto il meccanismo di mormorazione nei confronti di Dio e di giudizio nei confronti del prossimo. La grazia va vissuta come un dono gratuito e misericordioso di Dio. Risulta centrale qui la beatitudine che riguarda la povertà spirituale, che riconosce tutto come un dono gratuito di Dio. In questo senso, tuttavia, l'ascetica, pur avendo la sua importanza, risulta feconda nella misura in cui ha come radice la povertà spirituale; così l'ascetica non può concepirsi solo in senso negativo, come la nostra lotta contro il peccato e i vizi, ma anche in positivo: tutto ciò che noi possiamo fare per collaborare alla grazia di Dio. In questo senso, ha una sua importanza il discorso fatto da Maurizio Chiodi, in quanto l'uomo è capace di bene e può compierlo, tuttavia noi stiamo parlando di compimento cristiano, di unione piena con Cristo e di un cuore conforme al Suo Cuore, ecco come mai ci spostiamo su un piano di compimento della nostra umanità-comunione con Cristo. Ecco come mai necessariamente deve intervenire il «dono dall'Alto». In questo senso, il compimento della nostra umanità non va dedotto con una logica di necessità: anche qui va più che mai riconosciuto il dono gratuito di Dio, che fa nascere in noi un «grazie» colmo di stupore. Il cuore del credente è un cuore che sa rendere grazie a Dio e proprio per questo non coltiva un senso di giudizio o di superiorità nei confronti dei suoi fratelli, ma sempre di preghiera e d'intercessione, conscio che è stato salvato, ed è salvato, non per una sua titanica morale, ma perché ha detto «sì» a un amore che ha conosciuto perché si è rivelato a lui.

L'importanza della contemplazione.

Un altro aspetto trascurato dal giansenismo è la dimensione contemplativa. Se notiamo, non solo nel giansenismo, ma in molti gruppi, anche di preghiera, il riferimento alla contemplazione sembra superato o supposto. Nei grandi asceti il profilo contemplativo della vita risulta centrale per il cammino di fede e non secondario o scontato. Si fatica a trovare, anche nelle scuole contemporanee di preghiera, incontri sulla contemplazione e sulla sua importanza nella vita cristiana. La contemplazione come dono di Dio è frutto di una lunga vita di preghiera di ricerca di Cristo Gesù.

L'esperienza contemplativa, soprattutto nella tradizione esicasta, è l'esperienza del «peccatore perdonato», per questo è un'esperienza totale e trasformante: è quell'incontro con il Dio che mi ama, il solo capace di «trasformarmi» e di «compiermi in Cristo Gesù» e proprio perché ho conosciuto il Signore, quell'incontro mi ha trasformato e mi ha portato ad uno «stato» che mi rende capace di una fedeltà al Signore, o meglio, di una conformità a Cristo. Senza la coscienza di essere salvati, inevitabilmente cadiamo nello stesso identico peccato degli scribi e dei farisei, di una sorta di auto-salvezza e di giudizio sugli altri. Non è a caso che nella prospettiva della consacrazione come vittima alla giustizia di Dio mancasse proprio la dimensione della coscienza di essere salvati e se aggiungiamo che era assente l'atteggiamento di povertà spirituale, accedere ad uno stato che mi permette di rendere grazie a Dio e di lodarlo era molto difficile. Aggiungiamo che il meccanismo sostitutorio non era solo legato ai peccatori ma anche a Cristo; ciò che rimproveriamo non è principalmente un orgoglio spirituale amplificato, ma l'assenza della centralità di Cristo come Unico Salvatore.

Un'ultima domanda riguarda nuovamente il rigorismo morale. Siamo certi che la prospettiva di una morale «molto rigida» sia la prospettiva più evangelica? Il Vangelo ci insegna che la dimensione interiore non può essere trascurata. Due citazione evangeliche.

> «[48]Voi, dunque, siate perfetti come è perfetto il Padre vostro celeste.» (Mt 5,48)
> «[36]Siate misericordiosi, come il Padre vostro è misericordioso» (Lc 6,36)

In entrambi i Vangeli Gesù parla dell'amore per i nemici e per l'atteggiamento di preghiera che deve accompagnare i nostri nemici. Possiamo dire che Luca esplicita meglio il significato di perfezione che troviamo nel vangelo di Matteo. Alla luce delle due citazioni e includendo i loro contesti, possiamo dire che «il rigore morale» deve andare nella direzione di un «essere misericordiosi come il Padre», quindi in uno «stato», un «essere misericordiosi» così come ce lo ha rivelato Gesù Cristo in Croce:

> «[34]Gesù diceva: «Padre, perdona loro perché non sanno quello che fanno». Poi dividendo le sue vesti, le tirarono a sorte.» (Lc 23,34)

> «[39]Uno dei malfattori appesi alla croce lo insultava: «Non sei tu il Cristo? Salva te stesso e noi!». [40]L'altro invece lo rimproverava dicendo: «Non hai alcun timore di Dio, tu che sei condannato alla stessa pena? [41]Noi, giustamente, perché riceviamo quello che abbiamo meritato per le nostre azioni; egli invece non ha fatto nulla di male». [42]E disse: «Gesù, ricordati di me

quando entrerai nel tuo regno». [43]Gli rispose: «In verità io ti dico: oggi con me sarai nel paradiso».» (Lc 23,39-43)

La nostra ascesi deve essere orientata alla preghiera continua, che vuol dire «stare/essere» alla presenza di Cristo che ci ha Rivelato l'Amore di Dio sulla Croce, coscienti che l'arrivare a questo traguardo, pur chiedendo un impegno da parte nostra, è un dono di grazia e ci porta ad avere con gli altri un atteggiamento misericordioso come quello Gesù, perché in comunione con Lui.
Occorre riflette se il giansenismo è una spiritualità per pochi eletti, come alcuni affermano per via del suo rigorismo morale, o se invece non sia una vera e propria «eresia», che ha perso il suo aspetto centrale. In questo senso, la consacrazione come vittime alla giustizia di Dio, ha come probabile matrice culturale il giansenismo e la sua deviazione ed ha trovato aggancio probabilmente nell'esperienza di alcuni mistici come santa Margherita Maria Alacoque, che non era giansenista, ma i suoi testi sono stati mistificati dalla cultura giansenista. La prospettiva di consacrazione come vittima d'Olocausto all'amore Misericordioso sposta sulla paternità e maternità spirituale l'aspetto d'intercessione, sulla solidarietà e sul riconoscimento di essere prima di tutto *salvati* da Cristo, tuttavia, deve anche esplicitare meglio che l'offerta non è principalmente importante per «i figli e le figlie spirituali» per cui si prega e s'intercede, ma è principalmente importante per chi si consacra, perché in questo modo «esplicita» la volontà di «stare/essere» alla presenza di Cristo che ci ha Rivelato l'Amore di Dio sulla Croce. Occorre esplicitare che la «volontà» manifestata da noi in realtà è la volontà di Cristo che è diventata tanto nostra poiché la Sua Volontà ha assimilato la nostra:

«[34]Gesù disse loro: «Il mio cibo è fare la volontà di colui che mi ha mandato e compiere la sua opera.» (Gv 4,34)

La ricerca della volontà di Cristo implica l'ascolto della Sua Parola Rivelata nella Scrittura, l'obbedienza al nostro stato di vita e la rinuncia alla nostra volontà e al vivere in nascondimento.

Rilievi conclusivi.

Occorre uscire dal binomio, a mio giudizio molto in auge in occidente, *legalismo-antilegalismo*. Dove il legalismo sfocia in una rigidità morale e in un autocompiacimento che alla fin fine non eleva l'uomo a Dio ma lo uccide. Infatti l'autocompiacimento trova il suo alimento e la sua forza nella morale rigida e nella pratica rigida dei pii esercizi cristiani, ma rifugge una mortificazione interiore e momenti di deserto e aridità, come illustrato da san Giovanni della Croce.

L'antilegalismo invece sfocia nell'anarchia e tal volta in un'anarchia patologica, in molti casi si è assistito in un lassismo morale e in un rifuggire, ideologico, di pie pratiche cristiane che ha portato ad un ritorno «all'Egitto» ad un neo-paganesimo molto pericoloso. A mio avviso questi due atteggiamenti si sono dati forza l'uno con l'altro, perché hanno trovato il loro alimento nell'altro, irrigidendo il loro atteggiamento contrario.

In questo senso bisogna superare la contrapposizione tra *tradizionalisti* e *progressisti* che ha trovato gli uni a sostenere il dogma, i sacramenti e la tradizione e gli altri la Scrittura e il Concilio Ecumenico Vaticano II quasi mettendoli in contrapposizione, indicano che entrambe le prospettive sono errate, proprio perché contrappongono verità di fede che sono interconnesse tra di loro.

Il compiacimento derivante dall'osservanza di pratiche religiose non è un problema solo del rabbinismo attuale, ma anche di tutti quei movimenti che, come il giansenismo, fanno dell'irrigidimento della morale un punto di forza. Non è a caso poi che chi vive questa dimensione cada in giudizi più o meno consci e più o meno consapevoli e abbia un'attesa alta di ricompensa davanti al Signore.

La consacrazione come vittima alla «Giustizia di Dio».

La domanda nascosta.

Occorre subito dire che la consacrazione come vittima d'Olocausto all'Amore Misericordioso di Dio, che, di fatto, *sostituirà* la consacrazione come vittima alla «Giustizia di Dio», non ha come oggetto di discussione il giudizio particolare o universale: quindi al centro della meditazione di Teresina non è tanto la misericordia di Dio in un'anima peccatrice o giusta e neppure il rapporto tra Giustizia e Misericordia. Qui al centro della riflessione abbiamo la domanda: «Quale obiettivo di perfezione?»; per dirla con la terminologia di santa Teresa di Gesù: «Quale cammino di perfezione?». Scegliere l'una o l'altra consacrazione non è una questione puramente nominale e neppure stiamo parlando di aspetti privi di conseguenze nei rapporti con Dio e con il prossimo. Infatti, le due consacrazioni hanno una «vittimologia» molto precisa e, come già detto, hanno conseguenze sia nei rapporti con Dio che nelle relazioni con le persone che vivono con la «vittima». Alla radice del problema, quindi, troviamo una domanda d'identità: «che vittima sono io? Chi sono io? Come gli altri debbano considerarmi? Soprattutto, come Dio debba considerarmi?»

Senza questo orizzonte, è possibile fraintendere la questione se non addirittura banalizzarla. Una doverosa precisazione è quella di considerare la questione dal punto di vista, per quanto ci è dato di farlo, di santa Teresa di Gesù Bambino.

In altri passi Teresina parlerà della Misericordia di Dio nei confronti dei peccatori e di come ciò che offende maggiormente il Cuore di Gesù è la mancanza di fiducia in lui.

Santa Teresina «rivela» la sua maternità spirituale perché genererà una strada che tanti altri santi e mistici poi percorreranno.

Il contesto spirituale della consacrazione.

Non vogliamo qui giudicare la comunità o la spiritualità che la comunità e l'ordine vivevano, ma solo evidenziare la grande libertà interiore di santa Teresina e del contesto in cui è maturata la sua «svolta mistica». Occorre dire che nei tre manoscritti autobiografici troviamo la Teresina già matura mentre nelle sue lettere viene maggiormente evidenziato il suo percorso di maturazione umano, spirituale e vediamo come prende sempre più piede la sua dimensione mistica.

Santa Teresina vive in un contesto fortemente giansenista e, come vedremo, la sottolineatura dell'Ordine era quella di una perfezione al fine di consacrarsi come vittima alla Giustizia di Dio, perché solo le eccellenze spirituali potevano compiere un atto di questo tipo, erano i migliori, i pochi eletti che potevano compiere un simile «atto» da «fuoriclasse» per usare un linguaggio calcistico.

> «Una risposta vi era nell'ambiente, risposta che supponeva in Dio una dialettica tra misericordia e «giustizia» e supponeva che, a partire dalla morte stessa di Cristo in Croce, la «misericordia» non potesse esercitarsi se non rimuovendo l'ostacolo delle esigenze della «giustizia».
>
> Di qui un'interpretazione della partecipazione alla passione di Cristo (e quindi un modello di santità e di perfezione) in termini di offerta alla giustizia (vendicatrice) di Dio.
>
> Ma di qui anche – ad un livello più diffuso, meno pronunciato – tutta una concezione del rapporto religioso: Dio è colui che esige e l'amore consiste nel fare le opere della perfezione, cioè preghiere, penitenze, rinunce, ecc.
>
> Dal punto di vista storico, la presenza di questa mentalità non si ritrova certo – a quanto sembra- nell'ambiente familiare di Teresa, ma nel Carmelo è fuori discussione.»[17]

Occorre fare attenzione, perché se semplifichiamo eccessivamente rischiamo di confonderci: se da una parte non dobbiamo giudicare chi si è consacrato come vittima alla Giustizia di Dio, dall'altra occorre valutare quella spiritualità alla luce del nostro attuale contesto storico-teologico per evitare le derive che quella spiritualità ha portato. Occorre fare lo sforzo di andare alla radice di quel modo di vivere la fede, perché altrimenti rischiamo di fraintendere la *svolta mistica* di Santa Teresa di Gesù Bambino e la sua consacrazione come vittima d'Olocausto all'Amore Misericordioso e non alla Giustizia; rischiamo di farne una canzonetta, mentre in realtà è un qualcosa di molto profondo.

Il rapporto con Dio quindi era fortemente contrassegnato dal «DO UT DES» (io do affinché tu mi dia), l'atto d'offerta di santa Teresa di Gesù Bambino andrà a rompere la prospettiva precedente.

---

[17] GIOVANNI MOIOLI, *L'esperienza cristiana di Teresa di Lisieux*, Note introduttive, Libreria Editrice Glossa, Milano 1998, pag. 48.

Senz'altro la spiritualità che proponeva di consacrarsi come vittime alla «Giustizia» di Dio per soddisfarla e permettere così alla misericordia di raggiungere i peccatori era anche alimentata da una errata interpretazione di alcune parti degli scritti di santa Margherita Maria Alacoque. Sappiamo che fino al Concilio Ecumenico Vaticano II la santa svolgerà un ruolo centrale per la devozione al Sacro Cuore, sarà definita come «l'Apostola del Sacro Cuore» e la sua esperienza e i suoi scritti saranno ampiamente citati ed elogiati dai vari Papi. Leggiamo alcuni brani che potrebbero alimentare un fraintendimento. Alcune di queste sono parole che la santa attribuisce a Gesù:

> ««Sì, te lo voglio regalare il mio Cuore. Prima però è necessario che tu ti renda la sua vittima d'immolazione, affinché col suo concorso tu possa allontanare i castighi che la divina Giustizia del mio Padre adirato vuole riversare su una comunità religiosa, per riprenderla e correggerla nella sua giusta collera». In quello stesso momento mi mostrò la comunità con quei determinati difetti[18] che l'avevano irritato, indicandomi ciò che avrei dovuto soffrire per calmare la sua collera.»[19]

> «La vigilia della Presentazione, la divina Giustizia mi apparve tanto terribile, che ero fuori di me stessa e non potendo più resistere, mi fu detto, come san Paolo: Duro è per te recalcitrare contro il pungolo della mia giustizia! E giacché mi hai fatto resistenza, angosciata com'eri dal pensiero delle umiliazioni che questo sacrificio comporta, lo raddoppierò.»[20]

> «Finalmente la pace è fatta e la mia Santità di Giustizia è soddisfatta dal tuo sacrificio, in omaggio a quello che io ho compiuto al momento della mia Incarnazione nel seno di mia Madre. Il merito di questo mistero l'ho voluto rinnovare e unirlo al tuo per applicarlo in favore della carità, come ti ho già spiegato. Questa è la ragione per cui tu,

---

[18] Nel linguaggio di santa Teresa di Gesù Bambino i «difetti» o «imperfezioni» sono i peccati veniali, qui non è molto specificato.

[19] SANTA MARGHERITA MARIA ALACOQUE, *Autobiografia*, Edizioni AdP, Roma VI ristampa 2010, pag 148.

[20] *Ibid.*, pag 149.

in tutto ciò che farai e soffrirai, non puoi pretendere più nulla, né per l'aumento del merito né per la soddisfazione della pena, né per altro, perché hai tutto sacrificato e messo a mia disposizione a vantaggio della carità. Perciò, a mia imitazione, soffrirai senza altro interesse che quello della gloria di Dio, che si attuerà quando il regno del mio Sacro Cuore sarà stabilito nel cuore degli uomini, ai quali voglio che sia manifestato per mezzo tuo.»[21]

L'offerta alla giustizia di Dio era l'ideale proposto dall'opera (azione) che, alla fine del XIX secolo, serviva nel Carmelo per la formazione dei novizi; «Il tesoro del Carmelo o ricordo del vecchio Carmelo di Francia»[22] presentava in questi termini la peculiarità del Carmelo:

> «Il fine dell'ordine del Carmelo, quindi, è di onorare l'Incarnazione e gli annientamenti del Salvatore, di unirsi più strettamente al Verbo fatto carne e glorificare Dio con l'imitazione della sua vita nascosta, sofferente e immolata. Ancora è pregare per i peccatori, offrirsi per loro alla giustizia divina e supplire coi rigori di una vita austera e crocifissa alla penitenza che quelli non fanno; in modo che una carmelitana è incaricata di continuare e completare in qualche modo l'opera della mediazione di Gesù Cristo, è [...] un'ostia infine, che l'amore consuma per la riparazione degli oltraggi fatti alla divina Maestà, e per attirare sui peccatori gli sguardi di clemenza e di grazia di conversioni. L'Ordine quindi domanda anime generose [...] che rinuncino a loro stesse e si sostituiscano coraggiosamente come vittime al posto del nostro divino Maestro divenuto impassibile, per essere immolate per lui alla gloria del Padre e alla salvezza delle anime».

Ci si consacrava alla giustizia di Dio per attirare i castighi di Dio che meritavano i peccatori, per far sì che la grazia divina potesse raggiungere il loro cuore e convertirli, quindi una visione sostitutoria,

---

[21] *Ibid.*, pag 151-152.

[22] «*Tésor du Carmel ou Souvenirs de l'ancien Carmel de France*». Ricavato da: GIOVANNI MOIOLI, *L'esperienza cristiana di Teresa di Lisieux*, Note introduttive, Libreria Editrice Glossa, Milano 1998, pag. 50.

sia del sacrificio di Cristo che ha sofferto al posto nostro, ha subito i castighi che spettavano a noi e ci ha dato la sua gloria. Quindi non erano solo direttive di una certa spiritualità ma era un modello che traeva la sua ispirazione e la sua forza dalla teologia neoscolastica ed era quindi una linea condivisa dalla teologia, non tutta, ma da quella che in quel momento era dominante. Cosa rivela una visione di Dio Padre adirato e placato solo dal sacrificio? È possibile affidarsi a Lui? É giusto, per dirla nei loro termini, ricevere le punizioni che spetterebbero ai peccatori? Non è poi tuttavia più corretto parlare di conseguenze di una vita di peccato, più che di punizioni divine e di cammino di conversione?

La consacrazione.

Soffermiamoci in modo puntuale sulla consacrazione alla giustizia divina, per comprenderne i risvolti e le conseguenze nella vita pratica.

> «Il fine dell'ordine del Carmelo, quindi, è di onorare l'Incarnazione e gli annientamenti del Salvatore, di unirsi più strettamente al Verbo fatto carne e glorificare Dio con l'imitazione della sua vita nascosta, sofferente e immolata.»

Nell'incipit dell'atto di consacrazione troviamo il tema del nascondimento a imitazione di Cristo, l'offerta a Cristo di tutta quanta la vita al fine di «voler glorificare Dio»; soprattutto è presente l'accettazione e la volontà di abbracciare tutte quante le sofferenze di Cristo.

> «Ancora è pregare per i peccatori, offrirsi per loro alla giustizia divina e supplire coi rigori di una vita austera e crocifissa alla penitenza che quelli non fanno; in modo che una carmelitana è incaricata di continuare e completare in qualche modo l'opera della mediazione di Gesù Cristo.»

Troviamo spesso nella tradizione la sensibilità circa la preghiera per la conversione dei peccatori, tuttavia c'è un passo oltre: «*offrirsi per loro alla giustizia divina e supplire coi rigori di una vita austera e crocifissa alla penitenza*», qui vi è un «atto sostitutivo», per certi versi criticabile: in questa prospettiva, chi viveva questa consacrazione era disposto a subire tutti i castighi che i peccatori si «meritavano»; ritroviamo la critica che don Giovanni Moioli ha fatto, ovvero, affinché i peccatori potessero accedere alla Misericordia di Dio, la «vittima» si offre al posto loro e al posto loro soddisfa le esigenze della Giustizia. L'atto si basa sulla traduzione di una lettera paolina; riportiamo la precedente traduzione italiana, che ha costituito il fondamento dell'incipit dell'atto, e la nuova traduzione italiana:

> «Perciò sono lieto delle sofferenze che sopporto per voi e completo nella mia carne quello che manca ai patimenti di Cristo, a favore del suo corpo che è la Chiesa.» (Col 1,24) (Vecchia CEI)

> «Ora io sono lieto nelle sofferenze che sopporto per voi e do compimento a ciò che, dei patimenti di Cristo, manca nella mia carne, a favore del suo corpo che è la Chiesa.» (Col 1,24) (Nuova CEI)

Abbiamo, tuttavia, un elemento problematico: «*Penitenza che quelli non fanno*», qui abbiamo un giudizio di valore decisamente importante ricorda molto una parabola evangelica di Gesù:

> «[9]Disse ancora questa parabola per alcuni che avevano l'intima presunzione di essere giusti e disprezzavano gli altri: [10]"Due uomini salirono al tempio a pregare: uno era fariseo e l'altro pubblicano. [11]Il fariseo, stando in piedi, pregava così tra sé: "O Dio, ti ringrazio perché non sono come gli altri uomini, ladri, ingiusti, adùlteri, e neppure come questo pubblicano. [12]Digiuno due volte alla settimana e pago le decime di tutto quello che possiedo". [13]Il pubblicano invece, fermatosi a distanza, non osava nemmeno alzare gli occhi al cielo, ma si batteva il petto dicendo: "O Dio, abbi pietà di me peccatore". [14]Io vi dico: questi, a differenza dell'altro, tornò a casa sua giustificato, perché chiunque si esalta sarà umiliato, chi invece si umilia sarà esaltato".». (Lc 18,9-14).

È abbastanza simile, se non identico, lo spirito di chi compie quella consacrazione e del fariseo della parabola. C'è lo stesso disprezzo nascosto e lo stesso giudizio di valore:

> «offrirsi per loro alla giustizia divina e supplire coi rigori di una vita austera e crocifissa alla penitenza che quelli non fanno».
>
> «"O Dio, ti ringrazio perché non sono come gli altri uomini, ladri, ingiusti, adùlteri, e neppure come questo pubblicano. [12]Digiuno due volte alla settimana e pago le decime di tutto quello che possiedo"».

La prima parte della preghiera del fariseo sembra sottointesa velatamente tra le righe del discorso in generale e in particolare lo vediamo qui:

> «in modo che una carmelitana è incaricata di continuare e completare in qualche modo l'opera della mediazione di Gesù Cristo»
>
> «O Dio, ti ringrazio perché non sono come gli altri uomini».

È chiaro che chi «continua l'opera di mediazione» di Gesù Cristo «non è come gli altri uomini», la differenza è contenuta nell'affermazione «*penitenza che quelli non fanno*». Altra sottolineatura, non siamo nella prospettiva di «*unione con Dio*», dove però è Cristo che vive in me ed è Lui l'unico vero mediatore tra Dio e gli uomini e vivendo in noi, vive la sua passione, oppure siamo «*una cosa sola con Lui*»: è bensì l'offerta di me stesso, perché unita all'Offerta dell'Unico vero Mediatore tra Dio e gli uomini diventa «offerta santificata» perché unita «all'Offerta del Santo di Dio».

Possiamo già sbilanciarci e osservare che la formula contiene un giudizio e un atteggiamento di superbia.

> «è...un'ostia infine, che l'amore consuma per la riparazione degli oltraggi fatti alla divina Maestà, e per attirare sui peccatori gli sguardi di clemenza e di grazia di conversioni.»

Unica volta che appare il termine «amore che consuma» e la cornice, che non ci dava proprio l'idea di «offerta d'amore», certo potrebbe risultare una cornice implicita che ora viene esplicitata. «Un'ostia» il riferimento è all'Eucarestia, ottima l'intenzione di leggere la propria offerta spirituale in comunione con l'offerta pura e santa dell'Eucarestia. Tuttavia, sembra prevalere non tanto uno spirito di comunione con l'Eucarestia, ma di «sostituzione». Per riparare «*oltraggi fatti alla divina Maestà*», è un termine che ritroviamo molto nella tradizione, qui viene ripreso pari pari e applicato a sé stessi. «*e per attirare sui peccatori gli sguardi di clemenza e di grazia di conversioni.*», questo avviene grazie a queste «*ostie che l'amore consuma*».

> «L'Ordine quindi domanda anime generose...che rinuncino a loro stesse e si sostituiscano coraggiosamente come vittime al posto del nostro divino Maestro divenuto impassibile, per essere immolate per lui alla gloria del Padre e alla salvezza delle anime».

È addirittura l'Ordine che cerca anime così generose che si «sostituiscano come vittime», al posto del «divino Maestro». Ora è esplicitato ciò che continuava ad essere non detto, in realtà è una conclusione che va a chiudere l'affermazione iniziale.

> «in modo che una carmelitana è incaricata di continuare e completare in qualche modo l'opera della mediazione di Gesù Cristo».
>
> «che rinuncino a loro stesse e si sostituiscano coraggiosamente come vittime al posto del nostro divino Maestro divenuto impassibile».

Qui il Santo Nome di Gesù non è mai citato una volta: Gesù è «il divino Maestro».

Cosa non compare mai ed è senz'altro il punto più grave? La consapevolezza di essere dei peccatori perdonati e salvati da Gesù con il Suo Sacrificio. Come avevano tutti i santi che hanno ricevuto il dono delle stigmate, la consapevolezza che l'Unico Salvatore e Mediatore tra Dio e gli uomini e l'Uomo Cristo Gesù che noi riconosciamo come Messia Crocifisso e Risorto e che proclamiamo Signore. Santa Gemma quando intercedeva per le anime che in punto di morte stavano andando all'Inferno, e lei era veramente un'anima vittima, diceva: «Gesù abbi misericordia di lui/lei così come l'hai avuta e l'hai con me». Poi chiedeva l'intercessione di Maria. Santa Teresa aveva visto il posto che spettava a lei all'Inferno. Questi grandi santi e tutte le «anime vittime» erano consapevoli di essere dei peccatori perdonati, salvati e sapevano che a loro Dio aveva usato Misericordia non perché se lo meritavano, ma per il Suo Amore Misericordioso. E non si sentivano superiori neppure nei confronti dei peccatori: «Gesù abbi misericordia di lui/lei così come l'hai avuta e l'hai con me».

Un'altra considerazione da svolgere è quella di domandarsi se in fondo in fondo sia «giusto» fare da «parafulmini», ovvero, se per noi il momento del «castigo» può essere un momento di grazia, perché non deve essere anche per la conversione dei peccatori? Se la concezione di «castigo» è di ordine «punitivo» allora forse possiamo anche accettare, anche se malvolentieri, l'atto, ma se il castigo è di ordine educativo allora l'atteggiamento «sostitutorio» non solo non è «giusto» ma è diseducativo.

Riportiamo la nota introduttiva alla preghiera 6 dell'opera: Santa Teresa di Gesù Bambino, Opere complete, libreria editrice vaticana, Roma, 2009.

> «Alla fine del 1895, Teresa nel suo *Manoscritto A* (84r°/v°) ritorna sull'illuminazione avuta il 9 giugno: «*Pensavo* - scrive - *alle anime che si offrono come vittime alla Giustizia di Dio, allo scopo di stornare e di attirare su di sé i castighi riservati ai colpevoli*» (84r°). Ci si può chiedere se in quel 9 giugno 1895 Teresa non pensasse più particolarmente a una certa suor Maria di Gesù, carmelitana di Luçon, la cui circolare era arrivata a Lisieux giusto l'8 giugno. Questa monaca «si è spessissimo offerta come vittima alla Giustizia divina», rivela la circolare. La sua agonia, il Venerdì Santo 1895, è terribile. La morente lascia sfuggire il suo grido di angoscia: «Porto i rigori della Giustizia divina... La Giustizia divina!... La Giustizia divina!...». E ancora: «Non ho sufficienti meriti, bisogna acquistarne». Il racconto è impressionante, e dovette colpire coloro che lo udirono (cfr. *Prières*, p. 84).»

La morte è una morte di disperazione, di fronte allo scarto tra «la Giustizia divina», alla quale si era consacrata, e la sua vita, la constatazione è: «Non ho sufficienti meriti». Si tratta senz'altro di una persona «perfetta», questo tipo di offerta la potevano compiere persone di un certo spessore spirituale, tuttavia il debito che questa persona ha «costruito» nei confronti dei «peccatori» è stato molto alto fino ad arrivare ad un «indebitamento» da parte loro nei suoi confronti che questi non potevano assolvere, così nei confronti del «Padrone», si è trovata mancante perché: « [1]*Non giudicate, per non essere giudicati;* [2]*perché con il giudizio con il quale giudicate sarete giudicati voi e con la misura con la quale misurate sarà misurato a voi.*». (Mt 7,1); non si è trovata «giusta» ma mancante, «non ho sufficienti meriti» e quale è stato l'esito? Un'affannosa e ridicola corsa per ottenerne: «*bisogna acquistarne*», ma ormai non c'era più tempo. Interessante è il «*bisogna*», tanto assurdo e tanto da illusi, quanto il tempo che non c'era più. E la sua anima si è fissata in quel «*bisogna acquistarne*».

Infine, non va esclusa la «*rabbia repressa*» che questa suora, e chi segue questa prospettiva, in realtà accumula. Anche se l'essere vittima qui si sceglie, possiamo immaginare che si costruisca un modello di vittima «negativa»: chi sceglie questa prospettiva spirituale sarà sempre più bravo degli altri e gli altri in ogni caso sbaglieranno sempre. Il peso che porta diventa ad un certo punto insopportabile «Non ho sufficienti meriti, bisogna acquistarne» e si accumula rabbia con Dio per via dello scarto che esiste tra il Creatore e la creatura e l'impossibilità, da parte della creatura, di colmare questo scarto seguendo la via della Giustizia «[2]*Non entrare in giudizio con il tuo servo: davanti a te nessun vivente è giusto.*» (Sal 143). In secondo luogo, accumula rabbia nei confronti degli gli altri perché lei, «la vittima» che «sostituisce Gesù Cristo nella sua opera di mediazione», subisce i castighi «per i **peccatori**» e fa le «penitenze» che i «***peccatori***» non fanno: così si avrà sempre un atteggiamento di giudizio, sentirsi "migliori di…" e infine rabbia con sé stessi. «Non ho sufficienti meriti»: frase che dice tutto e che nasconde, in quella modalità tragica, tutta la rabbia che in una comunità finisce sempre in atteggiamenti di critica a volte anche molto severi. Conferma sono le parole pronunciate nell'agonia: «Porto i rigori della Giustizia divina... La Giustizia divina!... La Giustizia divina!...». Dove viene manifestato e rivelato tutto il dramma del momento ma anche la reazione di fronte alla «notte» che in quel momento la carmelitana viveva. In questo momento una giustizia e un rigore insopportabili.

Per concludere abbiamo visto come, in realtà, questa prospettiva nasconda un orgoglio e una superbia spirituale tanto grandi, tanto radicati, da spazzare via tutte le altre passioni, come dicono i Padri. Orgoglio e superbia spirituale nei confronti di Dio e degli uomini. Troviamo sviluppata anche la passione della vanagloria, che si manifesta in un bisogno di riconoscimento e di debito accumulato che gli altri, «i ***peccatori***», hanno con lei.

La consacrazione all'Amore Misericordioso.

L'orizzonte della consacrazione.

Teresina arriverà, con la sua consacrazione, a superare da un lato il «do ut des» fortemente presente nella spiritualità del suo tempo e presente nell'atto di consacrazione come vittime alla Giustizia di Dio, dall'altro arriverà a unire di nuovo la Giustizia alla Misericordia e a superare la *necessità* di consacrarsi come vittime per *soddisfare* la Giustizia di Dio Padre.

Dal manoscritto B. Lettera a Suor Maria del Sacro Cuore.

Santa Teresina «243. - Ah! se tutte le anime deboli e imperfette sentissero ciò che sente la più piccola tra tutte le anime, l'anima della tua Teresina, non una sola dispererebbe di giungere in cima alla montagna dell'amore, poiché Gesù non chiede grandi azioni, ma soltanto l'abbandono e la riconoscenza, poiché ha detto nel Salmo 49: «Non ho alcun bisogno dei capri dei vostri greggi, perché mi appartengono tutte le bestie delle foreste e le migliaia di animali che pascolano sulle colline, conosco tutti gli uccelli dei monti... Se avessi fame, a te non lo direi: mio è il mondo e quanto contiene. Mangerò forse la carne dei tori, berrò forse il sangue dei capri?»

«Offri a Dio sacrifici di lode e di ringraziamento». Ecco quindi tutto ciò che Gesù esige da noi. Egli non ha affatto bisogno delle nostre opere, ma solamente del nostro amore, perché questo stesso Dio che dichiara di non aver affatto bisogno di dirci se ha fame, non ha esitato a mendicare un po' d'acqua alla Samaritana. Aveva sete... Ma dicendo «dammi da bere» era l'amore della sua povera creatura che il Creatore dell'universo invocava. Aveva sete d'amore... Ah! lo sento più che mai che Gesù è assetato, incontra solo degli ingrati e degli indifferenti tra i discepoli del mondo e tra i suoi stessi discepoli, trova, ahimé! pochi cuori che si abbandonino a lui senza riserve, che comprendano tutta la tenerezza del suo Amore infinito.»

Facile «disperarsi» se leggiamo i testi di grandi santi, dove abbiamo l'impressione che per giungere «in vetta alla montagna dell'amore occorre uno sforzo, più che eroico, titanico. Il punto è che crediamo che per arrivare «in cima» occorrano grandi azioni. Teresina non è di questo parere e afferma che da noi Gesù chiede: «Abbandono e riconoscenza». Teresina sa che sta dicendo qualcosa di sconvolgente, per questo si avvale della Scrittura, e adatta liberamente il Salmo 49. Teresa si mette dalla parte delle «anime deboli», le anime comuni e riprendendo il Salmo 49, fa una critica velata all'impostazione spirituale del suo tempo, mettendo in discussione lo spirito con cui si svolgevano «penitenze e sacrifici». Possiamo anche intravedere in controluce, nella prima parte del paragrafo citato, la critica a quell'esigenza che ha la Giustizia di Dio di essere soddisfatta, perché «Dio non ha bisogno di alcun sacrificio per essere *soddisfatto*». Teresa ri-fonda l'infrastruttura delle «penitenze e dei sacrifici» ponendola su nuove basi: quelle dell'amore e delle sue esigenze, che sono abbandono e riconoscenza. Se da un lato Teresina sembra alleggerire, per chi conosce la sua spiritualità, sa che dall'altro affermerà che l'amore vuole tutto! Per questo motivo sacrificio-dono della vita-gioia sono strettamente congiunti e inseparabili.

> **Santa Teresina** *«Offri a Dio sacrifici di lode e di ringraziamento»*. Ecco quindi tutto ciò che Gesù esige da noi. Egli non ha affatto bisogno delle nostre opere, ma solamente del nostro amore, perché questo stesso Dio che dichiara di non aver affatto bisogno di dirci se ha fame, non ha esitato a *mendicare* un po' d'acqua alla Samaritana.»

Stupendo il parallelismo: Dio non ha bisogno delle nostre opere, ma del nostro amore. E Teresina rincalza: quel Dio che dichiara di non aver bisogno di dirci se ha fame (Dio basta a sé stesso), non esita a mendicare un po' d'«acqua/amore» alla Samaritana. Teresina qui dimostra una alta capacità di penetrare la Scrittura e lei, ne abbiamo l'esempio, meditava sui Vangeli per cercare di «conoscere il carattere di Dio» e nell'Umanità Santa di Gesù noi abbiamo rivelato il carattere del buon Dio. Tuttavia Santa Teresina approfondisce la sua meditazione:

> **Santa Teresina** «Aveva sete... Ma dicendo «dammi da bere» era l'amore della sua povera creatura che il Creatore dell'universo invocava. Aveva sete d'amore... Ah! lo sento più che mai che Gesù è assetato, incontra solo degli ingrati e degli indifferenti tra i discepoli del mondo e tra i suoi stessi discepoli, trova, ahimé! pochi cuori che si abbandonino a lui senza riserve, che comprendano tutta la tenerezza del suo Amore infinito.»

Questa «sete d'amore di Gesù» successivamente la ritroveremo in molte esperienze mistiche ed è questa la sete di Gesù. Teresina dice «Ah! lo sento più che mai che Gesù è *assetato*», interessante e molto sospetto quel «lo sento»; a noi, tuttavia, non è dato di sapere il contenuto di quel «lo sento», è senz'altro un'esperienza mistica molto profonda e molto bella. La sete d'amore di Gesù trova ristoro solo in cuori che lo amano e s'abbandonano a lui e la sete «forte» di Gesù c'è perché pochi lo amano. Ciò che quindi costituisce la «soddisfazione» per Gesù, non è tanto il nostro «sacrificio» ma il nostro amore: l'Amore chiederà a santa Teresa il «sacrificio» della sua vita, tuttavia lo farà come espressione del dono totale di sé a Cristo, per amore, ecco come mai dovrà avere i contorni della gioia.

Abbiamo già evidenziato il marcato cristocentrismo di Teresa, prospettiva molto carente nella precedente logica.

Pr 6 *[1r°] J.M.J.T.* ***Offerta di me stessa come Vittima d'Olocausto all'Amore Misericordioso del Buon Dio***

Questo il titolo che santa Teresina ha dato alla sua offerta avvenuta nel giorno della Festa della Santissima Trinità il 9 giugno dell'anno di grazia 1895. L'occasione non è a caso, in secondo luogo il riferimento alla Santissima Trinità è decisivo, per noi è un indizio importante che ci dice che santa Teresina era giunta all'unione con Dio. Abbiamo già un quadro significativo, ora passiamo a vedere i singoli paragrafi e come ultimo passaggio, decisivo, osserviamo nei dettagli la morte di santa Teresina.

> **Santa Teresina** «O mio Dio, Trinità Beata, io desidero Amarti e farti Amare, lavorare alla glorificazione della Santa Chiesa salvando le anime che sono sulla terra e liberando quelle che soffrono nel purgatorio. Desidero compiere perfettamente la tua volontà e arrivare al grado di gloria che mi hai preparato nel tuo regno; [Gv 14,2] in una parola, desidero essere Santa, ma sento la mia impotenza e ti domando, o mio Dio, di essere tu stesso la mia Santità!»

L'apertura è una bella lode «Dio – Beata Trinità» e ci dice fin da subito le sue intenzioni «*desidero Amarti e farti Amare*», importante riferimento alla glorificazione della Chiesa e ci dice in che modo: «*salvando le anime che sono sulla terra e liberando quelle che soffrono nel purgatorio*». Desiderio nobile e in perfetta linea con la tradizione che lei ha ricevuto, ma con dei correttivi importanti, infatti santa Teresina mette al centro la volontà di Dio e comprende che il suo desiderio si compie nella misura in cui raggiunge «l'obbiettivo» che è quello di arrivare al grado di santità/gloria che Dio vuole da lei. Nonostante sia un obiettivo a «portata di mano», riconosce la sua impotenza e chiede al Signore stesso di essere la sua Santità, chiede di poter partecipare alla Sua Santità, anche questo aspetto è in perfetta linea con la Volontà del Padre: santa Teresa chiede di non uscire dalla Volontà di Dio. Non dimostra solo una conoscenza evangelica importante: «*Gesù disse loro: «Il mio cibo è fare la volontà di colui che mi ha mandato e compiere la sua opera*» (Gv. 4,34) ma esplicita precedentemente in che cosa consista, per lei, compiere la volontà del Padre. Scompare ogni riferimento, per ora, ai castighi, ai sacrifici, alle penitenze da fare per i peccatori. Ciò che domina è la Volontà di Dio nella sua vocazione che è quella di raggiungere il grado di gloria che Dio ha voluto per lei. Ci soffermiamo, santa Teresina voleva diventare una santa più grande di Teresa di Gesù, l'accettare il grado di gloria che Dio vuole da lei e non quello che lei vuole da Dio, non è una resa o un ripiegamento, ma una spogliazione di sé stessa.

> **Santa Teresina** «Poiché mi hai amata fino a darmi il tuo unico Figlio [Gv 3,16] perché sia il mio Salvatore e il mio Sposo, i tesori infiniti dei suoi meriti sono miei ed io te li offro con gioia, supplicandoti di non guardarmi che attraverso il Volto di Gesù e nel suo Cuore ardente d'Amore.[5]»

Importante il riconoscimento dell'Amore del Padre di forte tema giovanneo (Gv 3,16), che senza ombra di dubbio qui Teresina ha in mente. Nel riconoscere l'amore del Padre su di lei e nel riconoscere Cristo prima di tutto come «Salvatore», Tersina si riconosce, prima di essere «sposa», di essere beneficiaria della Misericordia del Padre e di aver ricevuto per prima la Salvezza in Cristo. Importante la centralità di Gesù Cristo, riconosciuto come Salvatore e «Sposo di Teresina», in secondo luogo ciò che viene offerto al Padre, non sono le penitenze e i sacrifici, ma i Meriti Infiniti del Suo Figlio e Teresina chiede al Padre di guardarla attraverso il Suo amatissimo Figlio. Interessante la nota 5 dell'Edizione Vaticana delle sue opere.

«««E nel suo Cuore ardente d'Amore»: parole assenti nella prima redazione, aggiunte su richiesta di Suor Maria del Sacro Cuore (come, più avanti, l'espressione «consolare il tuo Sacro Cuore»). In realtà, Teresa il 9 giugno contempla davvero il «Cuore» di Gesù: «Oh, mio Dio! Il tuo Amore disprezzato dovrà restare nel tuo Cuore?» (Ms A, 84r).»

Santa Teresina «Ti offro ancora tutti i meriti dei Santi sia del Cielo che della terra, i loro atti d'Amore e quelli dei Santi Angeli; ti offro infine, o Beata Trinità, l'Amore e i meriti della Santa Vergine, mia Madre diletta. A lei affido la mia offerta pregandola di presentartela.»

L'*Atto* recitato solennemente di fronte alla statua della Regina della Vittorie e portandolo notte e giorno sul suo cuore; questo gesto esprime un atteggiamento costante di Teresina, che consegna tutto a Dio attraverso le mani di Maria, in secondo luogo ciò che viene offerto al Padre sono «l'Amore e i meriti» della santa Vergine e di tutti i Santi e gli Angeli del Paradiso.

Maria, sua Madre, è vista come l'unica che può intercedere presso la Trinità, come «esigenza d'amore filiale» senza andare ad inficiare che l'Unico Mediatore per presentare questo atto di offerta a Dio è Gesù Cristo. Questa maternità apre ancor più S. Teresa alla fiducia nel Padre. Presentare questa offerta e sacrificarsi Vittima all'Amore Misericordioso sarebbe stato impossibile senza essere veramente figlia di Maria, senza essere vera testimone del Cammino dell'Infanzia Spirituale. Per sondare la profondità della fede di Santa Teresa nell'Amore Misericordioso, occorre innanzitutto capire la grandezza della presenza misericordiosa di Dio nella sua vita, esperienza che penetra intimamente tutta la sua esistenza, come un sapere teologale che si collega all'esistenza stessa dell'Uomo - Dio, e come ed ancor di più, questo sia accaduto nella vita di Maria. Così S. Teresa osa avvicinarsi a Dio e presentarsi a Lui per essere colmata della sua benevolenza. Come l'accettazione del suo niente è condizione per potere abbandonare sé stessa, così la fede nella Misericordia è richiesta per potersi aprire positivamente e con fiducia a Dio. Santa Teresa possedeva veramente questa fede, senza di essa non avrebbe potuto penetrare nel mistero di Gesù Cristo, il Misericordioso, né riconoscere la sua presenza nella sua vita. Attraverso questa Offerta ci testimonia che la condiscendenza di Dio è *«incomprensibile»*, *«ineffabile»*, il suo Amore Misericordioso, *«un oceano senza rive»*, ed è - nei suoi riguardi - *«un abisso di cui non posso sondare la profondità»*. Queste parole ancor di più sono state la reale esperienza della Vergine Maria, la «perfetta» nell'umiltà e nella piccolezza, e, per questo, S. Teresa chiede che sia Lei l'unica ad intercedere nella presentazione della sua Offerta a Dio Padre.

> **Santa Teresina** «Il suo Figlio divino, mio Amato Sposo, nei giorni della sua vita mortale [Eb 5,7] ci ha detto: «Tutto ciò che domanderete al Padre mio, nel mio nome, ve lo darà»! [Gv 16,23] Sono dunque certa che esaudirai i miei desideri. Lo so, o mio Dio: più vuoi dare, più fai desiderare! Sento nel mio cuore desideri immensi (desideri infiniti) ed è con fiducia che ti chiedo di venire a prendere possesso della mia anima. Ah, non posso ricevere la Santa Comunione tanto spesso come desidero! Ma, Signore, non sei tu Onnipotente?... Resta in me, come nel tabernacolo: non allontanarti mai dalla tua piccola ostia!»

Anche in questo passo al centro c'è Cristo e Teresina può domandare al Padre forte della parola del Suo Amato Figlio divenuto «Amato Sposo» di Teresina, può accostarsi al Padre proprio in virtù della Parola del Suo Amatissimo Figlio. Teresina ha già riconosciuto la sua creaturalità e la sua piccolezza e, forte dell'esperienza di Maria, può chiedere e avvicinarsi al Padre con fede e grazia; con queste premesse Teresina può essere certa che il Padre «ascolterà» la sua preghiera. I «desideri infiniti» fanno riferimento al desiderio di Cristo e del suo Amore Infinito, è quindi desiderio di Cristo: al censore questa espressione della santa sembrerà eccessiva e la correggerà con «desideri immensi».

Teresina non sa forse che in noi abita la Trinità? Certo che lo sa e non dimentichiamoci che è figlia di santa Teresa di Gesù la quale scrisse il «*Castello Interiore*», dove al centro dell'anima vedrà che abita Dio. Tuttavia, non manca il riferimento e una certa «corporeità», indice del desiderio anche di far partecipare il corpo e tutta la persona alla comunione con Cristo. Non dimentichiamo che l'Eucarestia è il Sacrificio della Croce, la prova massima dell'Amore Misericordioso di Dio per noi e il «desiderio infinito» è che questo «Amore Infinito e Misericordioso» rimanga in lei e, a imitazione di Maria Arca dell'Alleanza, possa anche lei, in virtù della presenza di Gesù Eucarestia, essere lei stessa un «tabernacolo», affinché la sua umanità possa essere «luogo e sede» della presenza Eucaristica. Quindi l'Eucarestia, il bene massimo della Chiesa e l'Amore del Padre Rivelato in Cristo nel segno del pane e del vino, ha una dimensione «corporea» molto forte. Allo stesso tempo richiama la fede, perché per riconoscere in quel «pane e vino» la presenza Reale di Cristo, occorre «guardare» con gli occhi della fede.

> **Santa Teresina** «Vorrei consolarti dell'ingratitudine dei cattivi e ti supplico di togliermi la libertà di dispiacerti. Se qualche volta cado per debolezza, il tuo Sguardo Divino purifichi subito la mia anima consumando tutte le mie imperfezioni, come il fuoco che trasforma ogni cosa in sé stesso...»

Il «desiderio» di Teresina è quello di consolare Gesù «dall'ingratitudine dei cattivi». Possiamo già dire che è tema del suo contesto culturale e della sua formazione. In secondo luogo, è il come consolare Gesù: «toglierle la libertà di dispiacergli». Non troviamo «penitenze» che possano così «fare da parafulmini», non troviamo, come in altri mistici, Gesù che le dona la sua corona di spine per riposare lui. Ma, sulla scia di santa Teresa di Gesù, con l'essere noi «suoi amici fedeli». C'è anche la coscienza e l'umiltà di riconoscere la propria creaturalità e la propria fragilità umana, per questo la richiesta di perdono non è pleonastica ma essenziale! Come il riferimento al «fuoco che trasforma in sé» è un chiaro rimando a san Giovanni della Croce e alla sua «Fiamma viva d'Amore», dove lo Spirito è paragonato al Fuoco che bruciando il legno lo purifica dall'umidità/imperfezioni-passioni e lo «trasforma in sé», lo *unisce* a Gesù. Sottolineo che Teresina si riconosce peccatrice e bisognosa lei stessa di ricevere quel perdono e quell'Amore Misericordioso che la santifica. Anche questa meditazione era completamente assente nella prospettiva precedente.

> **Santa Teresina** «Ti ringrazio, o mio Dio, di tutte le grazie che mi hai accordate, in particolare di avermi fatta passare attraverso il crogiolo della sofferenza.[12 Sap 3,5-6] Sarà con gioia che ti contemplerò nell'ultimo giorno mentre reggi lo scettro della Croce.[Mt 24,30] Poiché ti sei degnato di darmi in sorte questa Croce tanto preziosa, spero di rassomigliarti nel Cielo[Gv 20,27] e di veder brillare sul mio corpo glorificato le sacre stimmate della tua Passione![Gal 6,17]»

«Rendere grazie a Dio», abbiamo già incontrato questa espressione in forma diversa, dove Teresina diceva che ciò che vuole Dio è di essere lodato. Questo rendimento di grazie, dopo l'aver confessato il suo essere peccatrice bisognosa di perdono e dopo aver riconosciuto la sua piccolezza, è importante. La connessione «ringraziare per esser passata attraverso il crogiolo della sofferenza» e l'aver ricevuto «in sorte la Croce» è decisiva: infatti, «il crogiolo della sofferenza» è stato vissuto con tutte e tre le virtù teologali e per questo può essere chiamato «Croce». Proprio perché «il crogiolo della sofferenza» è stato vissuto come «eredità tanto preziosa» nutre la speranza – teologale – di poter «rassomigliare a Gesù nel Cielo, la piena adozione filiale direbbe san Giovanni della Croce, e proprio per la piena assimilazione a Cristo e perché ha vissuto con fede «il crogiolo della sofferenza» nutre la speranza – teologale – di vedere brillare in lei «le sacre stimmate della tua Passione». Tuttavia quando gli Apostoli hanno visto Gesù con le stigmate?

> «Detto questo, mostrò loro le mani e il fianco. E i discepoli gioirono nel vedere il Signore». (Gv 20,20)
>
> «Guardate le mie mani e i miei piedi: sono proprio io! Toccatemi e guardate; un fantasma non ha carne e ossa, come vedete che io ho». (Lc 24,39)

Quello di Teresina non è tanto un retaggio dell'atteggiamento della «Consacrazione alla Giustizia» o il desiderio di ricevere il compenso per la «sua vita di Croce» o una smentita della Rosa sfogliata, ma la fede nella Risurrezione di Cristo, fede nella parola di Dio e la speranza che se con lui moriamo, con lui anche vivremo[23].

Stiamo vedendo come fino ad ora «l'anima» dell'«Atto d'Offerta» è profondamente biblica e soteriologica, infatti il cammino di salvezza coincide con il cammino «sponsale». È centrale il riferimento a Cristo e il desiderio di «essere una cosa sola con lui», di essere «parte piena del Corpo Mistico di Cristo che è la Chiesa». Ciò che contempla Teresina nell'ultimo giorno è Cristo con le sue Sacre Stigmate che splendono, con lo scettro della Croce in mano; questo è possibile perché la vita della santa è stata spesa a cercare Cristo nella sua vita e ha ricevuto con gioia l'eredità della Croce/«il crogiolo della sofferenza».

[23] Cfr. 2Tim 2,11.

Santa Teresina «Dopo l'esilio della terra, spero di venire a goderti nella Patria; ma non voglio ammassare meriti per il Cielo, voglio lavorare per il tuo solo Amore, con l'unico scopo di farti piacere, di consolare il tuo Sacro Cuore e di salvare anime che ti ameranno eternamente.

Alla sera di questa vita, comparirò davanti a te a mani vuote, perché non ti chiedo, Signore, di contare le mie opere. Ogni nostra giustizia è imperfetta ai tuoi occhi.[Is 64,6] Voglio dunque rivestirmi della tua propria Giustizia e ricevere dal tuo Amore il possesso eterno di Te stesso. Non voglio altro Trono e altra Corona che Te, o mio Amato!»

L'espressione «*dopo l'esilio della terra spero di venire a goderti nella Patria*» ricorda molto la preghiera della «Salve Regina» quando dice «*e mostraci dopo questo esilio Gesù*». Il desiderio del Cielo e il desiderio di poter stare con Gesù sono il cammino di tutta una vita. Teresina ha in mente «la salvezza delle anime»: la categoria è senz'altro culturale e criticabile, tuttavia occorre non dimenticare una sua celebre espressione, da adottare come correttivo: «*passerò il mio Cielo a fare del bene sulla terra*».

Come mai santa Teresina si presenterà davanti a Gesù a mani vuote? Occorre stare attenti a quello che lei stessa dice: «*Ogni nostra giustizia è imperfetta ai tuoi occhi*», tutto è coerente con ciò che abbiamo visto finora, aggiungiamo che questo atto è stato eseguito da Teresina dopo la famosa circolare di suor Maria di Gesù, carmelitana di Luçon. Questa circolare, arrivata a Lisieux giusto l'8 giugno, terminava con le parole «Non ho sufficienti meriti, bisogna acquistarne»: Teresina comprende quindi, alla luce della sua esperienza, che l'unico modo per essere graditi a Dio è quello di rivestirsi della «Giustizia di Cristo», invece di portare «una propria giustizia/meriti», che sembra molto più affine alla «giustizia che deriva dalla legge nella logica farisaica» analoga alla polemica paolina. Qui si potrebbe benissimo recuperare tutta la teologia paolina della giustificazione per la fede come unica poiché per la «legge nessuno può essere salvato». In secondo luogo, sempre sulla scia paolina, il possesso eterno è dato non tanto «dalla propria giustizia», quasi come una salvezza conquistata con le proprie forze indipendentemente da Cristo o sostituendosi a Lui, ma dal suo Amore perché «il possesso eterno» è proprio di Cristo. Lo sfondo è decisamente «la spirazione d'Amore» di tradizione sanjuanista, di cui Teresina è discepola. Il premio è Gesù stesso! L'*unione* con Lui! Tersina vuole lavorare unicamente per l'Amore di Gesù e l'unico premio a cui possa aspirare non può che essere Lui stesso. Efficace l'espressione «*Non voglio altro Trono e altra Corona che Te, o mio Amato!*». Teresina vuole che la sua vita sia un atto d'amore per Gesù e non può che avere come traguardo e meta del suo amore Gesù Cristo stesso.

Anche se non abbiamo sufficienti elementi per affermarlo con chiarezza, si può per lo meno ipotizzare, nell'atteggiamento della «consacrazione alla Giustizia», una sorta di narcisismo spirituale e anche di arrivismo latente, che si esprime attraverso la categoria dei meriti che vengono ammassati. Teresina va in direzione opposta, dove «l'oggetto» della sua ricerca non è tanto la sua gloria ma quella di Dio e dove la sua meta è Gesù stesso.

> **Santa Teresina** «Ai tuoi occhi il tempo è nulla: un giorno solo è come mille anni. [Sal 89,4] Tu puoi dunque prepararmi in un istante a comparire davanti a te.
>
> Allo scopo di vivere in un atto di perfetto Amore, mi offro come vittima d'olocausto al tuo Amore misericordioso, supplicandoti di consumarmi senza posa, lasciando traboccare nella mia anima le onde d'infinita tenerezza[Gv 7,38] che sono racchiuse in te, così che io diventi Martire del tuo Amore, o mio Dio!»

Cos'è l'Olocausto nella Scrittura?

> «Dirai loro: Questo è il sacrificio consumato dal fuoco che offrirete al Signore; agnelli dell'anno, senza difetti, due al giorno, come olocausto perenne.» (Numeri 28:3)

Santa Teresina usa questa immagine, o meglio, usa l'Olocausto dell'Antico Testamento come simbolo per la sua offerta. Dove non si offre alla «Giustizia di Dio» «per attirare su di sé i castighi a favore dei peccatori», ma si offre all'Amore Misericordioso, come «vittima d'olocausto», e chiede, come la vittima dell'olocausto veniva totalmente bruciata e consumata dal fuoco per Dio, così lei chiede che l'Amore Misericordioso la consumi totalmente, perché, come abbiamo visto, Gesù ha «sete d'amore». Possiamo senz'altro sentire gli echi della «Fiamma d'Amor viva» di san Giovanni della Croce, in cui lui usa l'immagine del legno bruciato totalmente dal fuoco, a cui però S. Teresina pone una variante: preferisce essere l'immagine di una vittima, scelta e preparata proprio per essere totalmente offerta a Dio e consumata dal Suo Amore. La sua vita è stata interamente «consacrata», «offerta» al Signore fin dalla più tenera età, non nei termini di un sacrificio doloristico, ma di un sacrificio d'amore e terminerà come gli agnelli che venivano preparati e offerti per l'olocausto:

> «[5]Il vostro agnello sia senza difetto, maschio, nato nell'anno; potrete sceglierlo tra le pecore o tra le capre [6]e lo conserverete fino al quattordici di questo mese: allora tutta l'assemblea della comunità d'Israele lo immolerà al tramonto.» (Es 12,6-7)

Quindi una vittima giovane, come è stata giovane la vita consumata totalmente dall'Amore di santa Teresina.

Il riferimento ad extra è tra le righe. Santa Teresina supplica l'Amore Misericordioso*: «di consumarmi senza posa, lasciando traboccare nella sua anima le onde d'infinita tenerezza»*, è stato notato un riferimento biblico: *«[38]chi crede in me. Come dice la Scrittura: Dal suo grembo sgorgheranno fiumi di acqua viva»*. (Gv 7,38) Un'altra volta santa Teresina si conforma alla parola di Dio e chiede ciò che Gesù ha promesso a chi crede in lui e su questa parola di Gesù lei fonda la sua richiesta, certa di essere ascoltata perché basata proprio sulla sua promessa attestata dai Vangeli. A renderla «Martire d'amore» sono proprio le «onde d'infinita tenerezza racchiuse in Lui.

> **Santa Teresina** «Questo martirio, dopo avermi preparata a comparire davanti a te, mi faccia infine morire e la mia anima si slanci senza ritardo nell'eterno abbraccio del Tuo Amore Misericordioso!
>
> Voglio, o mio Amato, ad ogni battito del cuore rinnovarti questa offerta un numero infinito di volte,[Ct 4,6] fino a che, svanite le ombre, [1Cor 13,12] possa ridirti il mio Amore in un Faccia a Faccia Eterno!»

L'Amore Misericordioso effettivamente consumerà totalmente Teresina[24] e morirà con un'estasi. Il martirio non serve tanto a riparare chissà quali peccati, ma a «comparire davanti a Gesù»: siamo nella piena logica della trasformazione d'amore di sanjuanista memoria e nella logica della

[24] Lo vedremo meglio questo particolare nel paragrafo dedicato alla morte di santa Teresina.

«testimonianza» attestata dai Vangeli. Particolare non da poco conto, è un «martirio» d'Amore che è una «via» di salvezza, che coincide con «le Nozze escatologiche» fra «lo Sposo e la Sposa». L'offerta è rinnovata ad ogni battito del cuore, desiderio significativo, in quanto, se noi facciamo un parallelismo con la tradizione mistica dell'esicasmo, la preghiera di Gesù ha come meta l'arrivare a unire ogni battito del cuore e ad ogni respiro alla preghiera di Gesù.

Qui abbiamo un'altra citazione biblica importante: «[6]*Prima che spiri la brezza del giorno/ e si allunghino le ombre,/ me ne andrò sul monte della mirra/e sul colle dell'incenso.*» (Ct 4,6). Teresina fa suo il canto dello Sposo e con questo s'identifica con la sposa del Cantico dei Cantici il quale dice di aspettarla e lei, con questo atto di consacrazione che in realtà è un programma di vita, ancora una volta fa forza sulla parola di Dio per chiedere a Gesù. Questa sottolineatura della parola di Dio è importante, in quanto Teresina ha rinunciato alla sua volontà per compiere la Volontà di Dio e ciò che «deve chiedere» deve essere conforme alla sua volontà, o meglio, con questa affermazione del Cantico dei Cantici, ci fa comprendere che lei chiede, ciò che Gesù vuole da lei e non ciò che santa Teresina vuole.

Molto bella la conclusione dell'atto: «possa ridirti il mio Amore in un Faccia a Faccia Eterno!». Cessato di battere il cuore terminerà forse questa preghiera, perché «l'Atto d'Offerta» è classificato dalla santa come preghiera? Certo che no! Il suo «*Amore*» è detto totalmente «*Faccia a Faccia Eterno*».

UMILTÀ E PICCOLEZZA

Timore di Dio.

«Il fondamento (*principio*) della sapienza è il timor di Dio, esso rende assennati tutti quelli che osservano i precetti. La lode del Signore dura in eterno.» (Sal. 111,10)

«Il timore di Dio è la base del sapere, mentre gli stolti dispregiano la saggezza e l'ammaestramento» (Por. 1,7) (traduzione ebraica).
«[7]Il timore del Signore è principio della scienza;
gli stolti disprezzano la sapienza e l'istruzione.» (Por. 1,7) (CEI).

Il termine «fondamento/principio» del salmo va inteso in due modi: o come fondamento o come primizia.
Come intendere il «timore del Signore»? Perché è il fondamento/primizia della sapienza? Queste sono le due domande che teniamo sullo sfondo. Lo collegheremo alla nostra vita spirituale e avremo una duplice percezione, da un lato la percezione di un «cerchio» che si chiude, dall'altra di una via che si apre. Riprendiamo il concetto di «timore del Signore», visto dalla prospettiva della tradizione ebraica:

«Il timore del Signore è la coscienza della distanza tra noi e Dio».

Quindi, il timore del Signore è la coscienza che può, e deve diventare, anche esperienza mistica della distanza tra la grandezza di Dio e la piccolezza di noi creature, della distanza tra il Creatore e la creatura; questo duplice aspetto fa parte di un'unica esperienza mistica.

«[1] Allora Gesù si rivolse alla folla e ai suoi discepoli [2]dicendo: «Sulla cattedra di Mosè si sono seduti gli scribi e i farisei. [3]Praticate e osservate tutto ciò che vi dicono, ma non agite secondo le loro opere, perché essi dicono e non fanno. [4]Legano infatti fardelli pesanti e difficili da portare e li pongono sulle spalle della gente, ma essi non vogliono muoverli neppure con un dito. [5]Tutte le loro opere le fanno per essere ammirati dalla gente: allargano i loro filattèri e allungano le frange; [6]si compiacciono dei posti d'onore nei banchetti, dei primi seggi nelle sinagoghe, [7]dei saluti nelle piazze, come anche di essere chiamati «rabbì» dalla gente.

[8]Ma voi non fatevi chiamare «rabbì», perché uno solo è il vostro Maestro e voi siete tutti fratelli. [9]E non chiamate «padre» nessuno di voi sulla terra, perché uno solo è il Padre vostro, quello celeste. [10]E non fatevi chiamare «guide», perché uno solo è la vostra Guida, il Cristo. [11]Chi tra voi è più grande, sarà vostro servo; [12]chi invece si esalterà, sarà umiliato e chi si umilierà sarà esaltato.» (Mt 23,1-12)

Guardiamo il brano evangelico dal punto di vista preso in esame e vediamo già la differenza: l'«innalzamento» dei farisei va in direzione contraria dell'«abbassamento» tracciato da Gesù. Nel primo caso possiamo di fatto leggervi l'espressione dell'orgoglio che va a confermare il peccato originale, Gesù non traccia solo una via per arrivare ad essere umile, ma traccia una via che conduce proprio al «timore di Dio» e ad essere «piccoli». Comprendiamo bene come mai il «pentimento o contrizione» hanno come frutto, per i Padri, proprio il timore del Signore, infatti il «movimento» del peccatore pentito necessariamente è quello di «abbassarsi» e non è quello di innalzarsi o esaltarsi. Il peccatore perdonato ha *imparato dal suo peccato* che non può affatto innalzarsi di fronte a Dio. Riusciamo a comprendere come mai proprio i più grandi peccatori sono diventati grandi santi: l'esperienza del perdono di Dio in Cristo e la coscienza, in senso mistico, del loro peccato/debolezza li hanno portati ad abbassarsi/umiliarsi, a farsi «piccoli» di fronte a Dio. Riusciamo a comprendere come mai questa sia la via privilegiata per arrivare al timore di Dio, per i Padri esicasti.

«241. - Non credere che io nuoti nelle consolazioni, oh no! la mia consolazione è di non averne sulla terra. Senza mostrarsi, senza far udire la sua voce Gesù mi istruisce nel segreto: non è per mezzo di libri, perché non capisco quello che leggo, ma talvolta una parola come questa che ho trovata alla fine dell'orazione [dopo essere rimasta nel silenzio e nell'aridità] viene a consolarmi: «Ecco il maestro che ti do, ti insegnerà tutto quello che devi fare. Voglio farti leggere nel libro della vita, dove è contenuta la scienza dell'Amore». La scienza dell'Amore, oh sì! questa parola risuona dolcemente alla mia anima: desidero solo quella scienza, per essa, avendo dato tutte le mie ricchezze, mi sembra, come la sposa dei sacri cantici, di non aver dato nulla. Capisco così bene che non c'è che l'amore che possa renderci graditi al Buon Dio, che questo amore è l'unico bene che bramo.» (Santa Teresa di Gesù Bambino, Manoscritto B 241)

Teresa nella sua vita avrà due fonti a cui attingere la «scienza dell'Amore»: l'*Imitazione di Cristo* e gli scritti di san Giovanni della Croce, che nei suoi testi dimostra di conoscere molto bene. In secondo luogo, l'umiltà: pur avendo dato tutto, a lei sembra di non aver dato nulla, questo deriva dal confronto con ciò che ha acquisito: la sapienza d'Amore.

La via dell'umiltà e i relativi esercizi che le varie spiritualità consigliano per conseguirla, è strettamente intrecciata al «timore del Signore». In questa direzione, collegandoci sempre al brano evangelico considerato, la tradizione esicasta ha elaborato con molta maggior chiarezza il «problema»: e chi non ha mai fatto grandi peccati[25]? L'umiltà/abbassamento consiste nell'imitare l'atteggiamento di Cristo (cfr. Fil 2,6-11), nel non considerare anzitutto come virtù proprie o proprietà privata i doni di Dio e, in secondo luogo, nel non considerare le virtù e i doni di Dio stessi come una sorta di «pulpito» che ci pone al di sopra degli altri, anzi di non considerarli proprio, per reputarsi invece gli ultimi e i peggiori di tutti. In realtà, anche nella nostra tradizione occidentale possiamo ritrovare esercizi ascetici che vanno in questo senso, anche se non vi era una lucida coscienza. Così una grande santa come santa Teresa di Calcutta aiuterà gli ultimi senza quell'atteggiamento da «benefattrice» che la pone al di sopra di chi sta aiutando e solo così chi era curato da lei poteva vedere attraverso di lei l'amore di Dio. Anche quando la santa sarà al centro dell'attenzione mediatica, il suo non mettersi «al di sopra» l'aiuterà ad essere testimone senza cadere nello spettacolarismo ostentativo di cui è malata la nostra società e che corrompe molti cuori.

Abbiamo chiara quindi ora la «via»[26] per arrivare all'abbassamento ma non abbiamo compreso ancora come mai è così importante. Se Cristo non si fosse Incarnato e non si fosse «abbassato» Lui stesso, sarebbe «*lecito*» il *sospetto* nei confronti di Dio, così come è stato formulato dai maestri del *sospetto*. Abbiamo un'altra domanda: come mai occorre essere «piccoli» e riconoscere il nostro limite creaturale per arrivare non solo al timore di Dio ma per arrivare a «fare» «esperienza di Dio»? *Perché la grandezza di Dio consiste nel suo farsi «piccolo»*. Nella tradizione ebraica c'è questo esempio significativo[27]: Dio non è grande perché fa qualcosa che noi non sappiamo fare o perché ha creato l'universo o perché fa dei miracoli che rompono le leggi della natura. Immaginiamo un bambino che sta facendo la cuccia per il suo cane e immaginiamo che non sia capace e immaginiamo Dio che lo aiuta a costruire la cuccia: ecco la grandezza di Dio! Noi celebriamo e lodiamo la grandezza di Dio proprio perché si fa piccolo. Ecco come mai «facciamo

[25] Santa Teresina constata che i più grandi peccatori sono, di fatto, fra i santi più grandi. È in questa direzione che lei arriverà a parlare, alla fine del Manoscritto C, di «grazia preveniente» e di un Amore del Signore che l'ha perdonata in anticipo e questo la rende doppiamente debitrice e non la sottrae, quindi, dall'identificarsi come «peccatrice».

[26] I termini sono sempre generici, perché occorre guardare anzitutto al Vangelo, che indica con precisione i «contorni» della nostra piccolezza, in secondo luogo occorre guardare anche alla situazione particolare che viviamo.

[27] Questo racconto l'ho ascoltato in una lezione tenuta dal rabbino Michael Elmaleh sulla Torah.

esperienza della grandezza di Dio» proprio quando «rinunciamo» a farci grandi per essere piccoli, proprio perché è in quell'abbassamento che noi possiamo «trovare» la sua grandezza.

Riprendendo il brano evangelico considerato, riusciamo meglio a comprendere come mai è impossibile all'orgoglio che s'innalza al di sopra degli altri giungere, non solo al timor di Dio, ma all'unione con Dio in Cristo, perché il suo movimento di «innalzamento» non è solo un atteggiamento di orgoglio che offende Dio, ma è qualcosa di più: esso è un «movimento» che va in direzione contraria al «movimento» stesso di Dio, che è quello di «abbassarsi» e di «farsi piccolo», perciò risulta assolutamente incompatibile con «l'Essere di Dio». In secondo luogo, il Signore ci dona la sua grazia per vincere le passioni, nella misura in cui «ci abbassiamo», proprio a imitazione di Cristo che *«[8]umiliò se stesso facendosi obbediente fino alla morte e a una morte di croce. [9]Per questo Dio lo esaltò e gli donò il nome che è al di sopra di ogni nome»* (Fil 2,8-9). In questo senso comprendiamo come mai i Padri esicasti prediligevano il deserto e il nascondimento, con la conseguente «rinuncia alla fama» o al clamore della città.

L'infanzia spirituale.

La via dell'infanzia spirituale, alla luce del discorso fatto fin qui, appare qualcosa di molto profondo, essa si rivela in comunione con il farsi «piccolo» di Dio in Cristo Gesù e in comunione con la kenosi del Figlio di Dio e di Maria Immacolata. La via dell'infanzia spirituale rivela anche una svolta per quanto riguarda il tema della «Giustizia» di Dio:

> «237. - O Madre diletta! dopo tante grazie posso cantare con il salmista: «Che il Signore è *buono*, che la sua *misericordia* è eterna». Mi sembra che se tutte le creature avessero le stesse grazie che ho io, il Buon Dio non sarebbe temuto da nessuno, ma amato fino alla follia, e che per *amore* e non tremando, mai nessuna anima acconsentirebbe a darGli dispiacere [...] Capisco però che non tutte le anime possono somigliarsi: bisogna che ce ne siano di diversi tipi allo scopo di onorare in modo speciale ognuna delle perfezioni del Buon Dio. A me Egli ha donato la sua *Misericordia infinita* ed è *attraverso essa* che contemplo ed adoro le altre perfezioni Divine! Allora tutte mi appaiono raggianti d'*amore*, perfino la Giustizia (e forse anche più di ogni altra) mi sembra rivestita d'*amore*.
>
> Che dolce gioia pensare che il Buon Dio è *Giusto*, cioè che tiene conto delle nostre debolezze, che conosce perfettamente la fragilità della nostra natura. Di cosa dunque avrei paura? Ah! il Dio infinitamente giusto che si degnò **[84r°]** di perdonare con tanta bontà tutte le colpe del figliol prodigo, non deve forse essere Giusto anche verso di me che «sono sempre con Lui?».»
>
> (Manoscritto A, 237)

Teresa rimane coerente con la sua spiritualità e la sua piccolezza, al centro c'è il «Signore buono e misericordioso», che ha elargito a Teresa le grazie della sua Misericordia, siamo quindi lontani da una sorta di atteggiamento «meritorio» del tipo «do ut des», ma il tutto è fondato sulla Misericordia di Dio, perché Gesù: «*non chiama quelli che ne sono degni, ma quelli che vuole*[5] *o come dice San Paolo: «Dio usa misericordia con chi vuole, e ha pietà di chi vuole averla. Quindi non dipende dalla volontà né dagli sforzi dell'uomo, ma da Dio che usa misericordia*» (Manoscritto A, 2). La Misericordia è la chiave attraverso cui la santa contempla l'opera divina e le sue perfezioni, compresa la «Giustizia» di Dio, che quindi non deve essere soddisfatta; proprio perché unita alla Misericordia essa diventa la chiave attraverso cui «guardare» con Misericordia la debolezza dell'uomo. Teresa qui fonda la sua intuizione sul vangelo, basandosi proprio sulla Misericordia che il Padre ha adottato nei confronti del *figlio prodigo* e applica un sillogismo logico molto importante, ponendo una critica alla spiritualità dominante, proprio perché pone il problema di una impossibilità di «mutamento in Dio». Infatti, se Dio ha usato Misericordia col *figlio prodigo*, può forse comportarsi in modo differente con lei e con tutto gli altri? La risposta è «certo che no».

Non è a caso che santa Teresa continua la sua meditazione legandola alla sua famosa «Offerta»:

> «Quest'anno il 9 giugno, festa della Santissima Trinità, ho ricevuto la grazia di capire più che mai quanto Gesù desideri essere amato.
> Pensavo alle anime che si offrono come vittime alla Giustizia di Dio allo scopo di distogliere e di attirare su di sé i castighi riservati ai colpevoli: questa offerta mi sembrava grande e generosa, ma io ero lontana dal sentirmi portata a farla. «O mio Dio! esclamai in fondo al cuore, ci sarà solo la tua Giustizia a ricevere anime che si immolano come vittime?... Il tuo *Amore* Misericordioso non ne ha bisogno anche lui? Da tutte le parti è misconosciuto, respinto; i cuori nei quali tu desideri prodigarlo si volgono verso le creature chiedendo loro la felicità con il loro miserabile affetto, invece di gettarsi tra le tue braccia ed accogliere il tuo *Amore* infinito. O mio Dio! il tuo Amore disprezzato deve restare nel tuo Cuore? Mi sembra che se tu trovassi anime che si offrono come Vittime di olocausto al tuo Amore, tu le consumeresti rapidamente; mi sembra che saresti felice di non comprimere affatto i flutti di infinita tenerezza che sono in te. Se alla tua Giustizia piace essere soddisfatta, lei che si estende solo sulla terra, quanto più il tuo Amore Misericordioso desidera *incendiare* le anime, visto che la tua Misericordia s'innalza fino ai Cieli. O mio Gesù! che sia *io* questa felice vittima, consuma il tuo olocausto con il fuoco del tuo Amore Divino!» (Manoscritto A, 238)

Abbiamo qui il passaggio che segna la svolta decisiva nella Mistica Occidentale e che segnerà la fine definitiva della «Offerta come vittime alla Giustizia di Dio». Teresa riprende il concetto di «vittima alla Giustizia», del modello spirituale dominante e pone una serie di interrogativi retorici cruciali: «solo la Giustizia ha bisogno di vittime?». Un secondo interrogativo retorico, collegato al primo, mostra come, di fatto, offrendosi alla Giustizia, l'Amore rimane «chiuso» nel Cuore di Cristo perché i suoi «amici» non si rivolgono ad esso ma alla Giustizia: «il tuo Amore disprezzato deve restare nel tuo Cuore?».

Il fuoco del discorso qui non è tanto quello di contraddirsi circa il concetto di giustizia definito dalla santina in MA, 237, ma quello di porre in discussione il modello precedente non in modo diretto ma indiretto, adottando la forma retorica dell'interrogativo. In questo modo emerge tutta la fragilità del modello precedente.

Un altro punto importante è la constatazione della propria fragilità/debolezza/peccabilità. Teresa riprende il modello sanjuanista e lo spiega meglio nel seguente passo:

> «Madre diletta, lei che mi ha permesso di offrirmi così al Buon Dio, lei conosce i fiumi o meglio gli oceani di grazie che sono venuti ad inondare la mia anima... Ah! da quel giorno felice, mi sembra che l'*Amore* mi penetri e mi circondi, mi sembra che ad ogni istante questo *Amore Misericordioso* mi rinnovi, purifichi la mia anima e non vi lasci nessuna traccia di peccato, perciò non posso temere il purgatorio. So che per me stessa non meriterei nemmeno di entrare in quel luogo di espiazione, poiché solo le anime sante possono accedervi, ma so anche che il Fuoco dell'Amore è più santificante di quello del purgatorio, so che Gesù non può desiderare per noi sofferenze inutili e che Egli non mi ispirerebbe i desideri che sento, se non volesse esaudirli.
>
> Oh! come è dolce la via dell'Amore! Come voglio impegnarmi a fare sempre con il più grande abbandono, la volontà del Buon Dio!» (Manoscritto A, 238)

L'Atto d'Offerta è letto in chiave sanjuanista, esso non è tanto l'Atto dei più forti, ma delle persone che confidano nel Signore e lasciano che il Fuoco dello Spirito le unisca pienamente in Cristo. Vedremo che nella poesia dedicata al Sacro Cuore, Teresina sceglierà come *Purgatorio* il Cuore di Gesù, dove è racchiuso il Fuoco del Suo Amore Misericordioso che purifica e trasforma tutto in sé. L'Atto d'Offerta è quindi strettamente legato al cammino di salvezza, cioè di unione a Cristo Gesù, ecco perché è un Atto che tutti possono fare senza temere nulla.

Troviamo una eccellente sintesi, per quanto riguarda la via dell'infanzia spirituale, in questo passo del Quaderno Giallo:

«La sera, durante il Mattutino, le chiesi che cosa intendeva con «restare una bambina piccola davanti al buon Dio». Mi rispose:

È riconoscere il proprio nulla, aspettare tutto dal buon Dio, come un bambino piccolo aspetta tutto da suo padre; è non inquietarsi di nulla, non guadagnare ricchezze. Anche fra i poveri si dà al bambino quel che gli è necessario, ma appena diventa grande suo padre non vuole più mantenerlo e gli dice: Adesso lavora, puoi bastare a te stesso.

È per non sentirmi così che non ho voluto crescere, sentendomi incapace di guadagnarmi la vita, la vita eterna del Cielo. Quindi sono sempre rimasta piccola, non avendo altra occupazione che quella di cogliere fiori, i fiori dell'amore e del sacrificio, e di offrirli al buon Dio per suo piacere.

Essere piccolo, vuol dire anche non attribuirsi affatto le virtù che si praticano, credendosi capaci di qualcosa, ma riconoscere che il buon Dio pone questo tesoro nella mano del suo piccolo bambino perché se ne serva quando ne ha bisogno; ma il tesoro è sempre del buon Dio. Infine, è non scoraggiarsi affatto delle proprie colpe, perché i bambini cadono spesso, ma sono troppo piccoli per farsi molto male.» (Quaderno Giallo, 6,8,8)

Abbiamo quindi tre caratteristiche. La prima caratteristica dell'infanzia spirituale è la povertà spirituale: riconosce il proprio nulla e aspetta tutto dal buon Dio. Se volessimo riportarla ad una beatitudine evangelica, potremmo dire che l'infanzia spirituale coincide con: *«Beati i poveri in spirito, perché di essi è il regno dei cieli»* (*Mt* 5,3).

Una seconda caratteristica, la possiamo cogliere nel secondo paragrafo citato, che non occorre leggere in chiave quietista e la ricaviamo dal simbolo dei «*fiori colti e offerti*», dove ritroviamo l'azione del «*cogliere*», che indica un atteggiamento attivo. Teresina vuole uscire dal «do ut des», perché i *fiori* non sono *offerti* per *guadagnare* qualcosa ma per «piacere/gioia» di *offrirli/regalarli* al buon Dio. Questo tipo di pensiero possiamo comprenderlo alla luce della spiritualità esicasta, che traccia tre tipologie di credenti: vi è un atteggiamento *servile* nei confronti del Signore, che consiste nel non fare il male e fare il bene, per paura del castigo divino; vi è un atteggiamento *mercenario* con il Signore, che consiste nel non fare il male e fare il bene per ricevere una ricompensa; vi è infine l'atteggiamento *filiale* che consiste nel non fare il male e nel fare il bene per amore del Signore. Teresa esplicita in modo simbolico l'atteggiamento filiale, che fa quindi della via dell'infanzia spirituale non tanto una «canzonetta romantica», ma la fase più matura dell'adozione filiale.

Nell'ultimo paragrafo abbiamo sintetizzato sia l'atteggiamento dell'anima umile, essenziale per la solidarietà coi peccatori/figli che Teresina andrà a vivere e che tutti i cristiani sono chiamati a vivere. L'umiltà nasce quindi dalla consapevolezza che tutto riceviamo dal Signore e che senza di Lui non possiamo fare nulla. È da questa consapevolezza, o meglio è dalla povertà di spirito, che nasce l'umiltà. Isacco il Siro scrive:

> «L'uomo che arriva a conoscere la misura della sua debolezza ha toccato la perfezione dell'umiltà»[28]

L'umiltà, tuttavia, non consiste solo nel riconoscere e nell'assumere una debolezza e una mediocrità reali ma anche, quando si possiedono alcune qualità, nell'abbassarsi volontariamente. San Giovanni Crisostomo dice che l'umiltà «consiste nel riconoscersi come un nulla malgrado la grandezza e il numero dei meriti».[29]

> «In verità l'umile è colui che ha segretamente motivi per inorgoglirsi e non lo fa, ma non vede in questo nulla di più in sé che un po' di terra».[30]

L'umiltà si caratterizza come un distacco da sé in ogni cosa. Tale distacco da sé si traduce in una rinuncia alla propria volontà che arriva fino all'odio di questa, ci dicono i Padri dell'esicasmo, anzi, dicono che questa è una delle caratteristiche fondamentali dell'umiltà fino a identificarla con tale rinuncia. L'umiltà fa considerare gli altri superiori a sé e fa ritenere sé stessi l'ultimo degli uomini. Qual è la prova dell'umiltà? È l'umiliazione che mette alla prova il cuore. L'uomo può essere umile nei suoi pensieri, ma solo l'assenza di turbamento quando sarà sottomesso all'umiliazione rivelerà che è umile veramente. Il segno di un'umiltà ancora più grande è quella di accettare questa umiliazione con gioia. Cosa vuol dire questo? Accettare senza turbamento l'umiliazione significa escludere, davanti a chi ci ha umiliati, ogni reazione di collera, ogni rancore e animosità. San Giovanni Climaco osserva che una delle proprietà dell'umiltà è la perdita di ogni irritabilità. L'umiltà non s'incollerisce e non mette in collera nessuno. I Padri dicono che l'umiltà è fare del bene a coloro che ti fanno del male e questo è profondamente evangelico.

L'umile, sull'esempio di Cristo, diviene sottomesso e servo di tutti:

«*Se uno vuole essere il primo, sia l'ultimo e servo di tutti*» (Mc 9,35). L'umiltà non consiste nel riconoscersi peccatori: umiltà è considerarsi i più peccatori degli uomini.

---

[28] ISACCO IL SIRO, *Discorsi ascetici*, 63.

[29] SAN GIOVANNI CRISOSTOMO, *Omelie contro Anomei*, V, 6.

[30] ISACCO IL SIRO, *Discorsi ascetici*, 20.

L'umiltà consiste, inoltre, nel non ricordare continuamente le proprie opere buone e nel rifiutare di porre in risalto le proprie eventuali virtù. L'umiltà qui realizza una condizione di spogliamento, di nudità interiore. Per questo motivo Giovanni Climaco l'accosta, quasi ogni volta, alla povertà spirituale.

A un livello più modesto, san Giovanni Climaco constata che a mano a mano che questa virtù progredisce, siamo portati a considerare nulla tutto il bene da noi compiuto. L'umile si considera servo inutile, come raccomandato da Gesù: «*Così anche voi, quando avrete fatto tutto quello che vi è stato ordinato, dite: «Siamo servi inutili. Abbiamo fatto quanto dovevamo fare».*». (Lc 17,10).[31]

L'infanzia spirituale e la preghiera d'intercessione.

Ecco che parole mette Teresa in bocca alla mamma di Disma:

> «Che cosa ho mai fatto al Cielo per essere così immersa nel dolore? Forse i misfatti di Abramin hanno attirato su di noi la vendetta divina... Ah, se conoscessi il luogo dove Dio risiede! Anche se bisognasse attraversare i mari, andrei a gettarmi ai suoi piedi. Gli domanderei la vita di mio figlio, il perdono per i disordini di Abramin e Dio non respingerebbe la preghiera di un cuore di madre che a Lui si affida![14]
>
> Io sento che Egli deve essere infinitamente buono, l'Essere sconosciuto che mi ha creato, e io vorrei conoscerLo, vorrei donargli Dimas, perché ne faccia un valente guerriero nel suo regno poiché desidero la felicità di mio figlio più che la mia e, per vederlo felice, darei mille volte la vita.
>
> Ma la mia mente si perde!... Mai lascerò la grotta del deserto, mai il Dio che cerco udrà la mia preghiera! Bisognerebbe che Lui stesso si abbassasse fino a me perché il mio desiderio non fosse una chimera... Solo una madre può formulare un simile sogno. Ahimé, perché non è realizzabile! (*Piange*).» (RP 6 La fuga in Egitto, parte 2 cap 3).

Ci troviamo di fronte ad un bellissimo esempio. Qui troviamo tutti gli elementi della teologia teresiana circa il «pregare per i peccatori» che qui in realtà assumono la forma di «figli». È questo passaggio a costituire una prima grande e importante differenza con la tradizione precedente, infatti «i peccatori» in Teresina sono diventati «figli» e il criminale Pranzini sarà per lei il suo «primo figlio spirituale». Il legame quindi che instaura con «i peccatori» non è asettico, né distante, è un

[31] Per quest'ultima parte cfr. Jean-Claude Larchet, *Terapia delle malattie spirituali,* Un'introduzione alla tradizione ascetica della Chiesa ortodossa, Edizioni san Paolo, Cinisello Balsamo (Milano) 2003, pag. 658-674.

legame materno e, possiamo osare, un legame tra maestra e discepolo. Per Teresina sarà importante il suo «essere madre» per intercedere presso il Signore Gesù.

Il senso profondo della Maternità spirituale in santa Teresa di Gesù Bambino è interpretata da padre François-Marie Léthel:

> «Non si tratta certo di aggiungere qualcosa al Sangue di Gesù, unica fonte della salvezza per tutti gli uomini, ma di raccogliere questo Sangue per comunicarlo agli altri. Questo è il vero senso della «Mediazione» di Maria e della Chiesa, come «Mediazione materna». [...] Ed è il Redentore stesso, quando compie l'opera della Redenzione versando il suo Sangue sulla Croce, che estende la sua maternità all'uomo redento: «Ecco il tuo Figlio». Coì, appena Teresa ha preso tale decisione[32], subito riceve da Gesù come «primo figlio» l'uomo più disperato che si poteva trovare: Pranzini, un criminale condannato alla pena di morte e impenitente. È sempre Gesù che a proposito di Pranzini dice a Teresa: «Donna, ecco il tuo figlio».».[33]

La maternità spirituale di santa Teresa comincerà, quindi, a 14 anni e sarà la piena partecipazione alla Maternità spirituale della Chiesa, che vedrà in Maria sotto la Croce l'icona più completa per sintetizzare il mistero che vive in Cristo. Non si tratta solo di un cambio di nome o di uno sviluppo, ma di una vera e propria svolta, radicalmente più aderente al Mistero Pasquale così come lo riporta il Vangelo. La Maternità spirituale, così intesa, non fa quindi sminuire l'unicità della Redenzione di Cristo; in secondo luogo i sentimenti che albergano nel cuore della giovane madre sono sentimenti materni, vi è il desiderio di «dar da bere a Cristo», continuando la sua missione sulla Terra, proprio come Lui ha voluto e desiderato.

Da questo punto di vista l'Offerta all'Amore Misericordioso, non appare come una sorta di quietismo o di «arrivismo spirituale», ma come il «*fiat*» di Teresa alla chiamata di Gesù e l'obbedienza a continuare la missione di Gesù sulla Terra attraverso la Chiesa. Da questo punto di vista, la Maternità spirituale adotta come icona il momento della Croce dove Gesù dice a Maria/Chiesa/Teresa «Ecco il tuo figlio»: qui abbiamo proprio l'interpretazione della «Missione»

---

[32] Siamo nel Manoscritto A, 45 v. Scrive Teresa: «Anche il grido di Gesù sulla Croce mi riecheggiava continuamente nel cuore: "*Ho sete*!" Queste parole accendevano in me un ardore sconosciuto e vivissimo. [...] volevo dar da bere al mio Amato e io stessa mi sentivo divorata dalla *sete* delle *anime*. Non erano ancora le anime dei sacerdoti che mi attiravano, ma quelle dei grandi peccatori: bruciavo dal desiderio di strapparli alle fiamme eterne.».

[33] PADRE FRANÇOIS-MARIE LÉTHEL, *La luce di Cristo nel cuore della Chiesa, Giovanni Paolo II e la Teologia dei Santi*, Libreria Editrice Vaticana, Città del Vaticano 2011, pag. 117.

della Chiesa in chiave «Materna-spirituale», ma ciò che merita attenzione è l'accostamento inconscio-spirituale che Teresa fa del figlio donato a lei sotto la Croce da Gesù, che per Teresa sarà il criminale Pranzini il suo «primo figlio spirituale», e che nell'icona evangelica è «identificato» con il Discepolo Amato. A Teresa, quindi, vengono donati come figli i grandi peccatori, che tuttavia sono «oggetto» dell'amore prediletto di Cristo.

Riportiamo di seguito, una preghiera che santa Teresa compone e mette sulla bocca della madre di san Disma, il buon ladrone. Essa è un atto di speranza e di fiducia nella Misericordia di Dio, in questo modo abbiamo sia l'elemento della maternità che prega ed è disposta a fare qualsiasi cosa pur di salvare il figlio e sia di «ascolto» da parte del Signore della preghiera della madre. Teresina inserisce, quasi certamente, la sua esperienza di preghiera per il criminale Pranzini, il lettore sa che quella preghiera verrà ascoltata, così come Teresa sa che la sua preghiera per Pranzini è stata ascoltata.

Sappiamo che, in questa finzione, il destinatario ultimo è chi legge o guarda la recita[34], dove gli viene insegnato a confidare nella Misericordia di Dio anche quando le circostanze storiche sembrano dirci il contrario. La lebbra, diventa quindi simbolo della lebbra del peccato di cui Disma sarà malato. Teresina metterà sulla bocca di Maria questo bellissimo commento:

> «No, non lo temo. Io so che Gesù è venuto sulla [7r°] terra per guarire vostro figlio, prendendo su di sé la sua debolezza e infermità. Adesso va fuggendo, simile al viandante che non ha nemmeno una pietra sua su cui posare il capo, perché i Giudei non lo riconoscono come loro Re! Più tardi lo considereranno un lebbroso, e il suo volto resterà loro nascosto. (*Maria pronuncia queste parole con accento profetico. Il dolore e la gioia si mescolano nello sguardo che tiene fisso su Gesù; poi, guardando Susanna, aggiunge*:) Ma così vostro figlio sarà rivestito delle attrattive che mio Figlio avrà perduto per lui... Egli prenderà posto con Lui nel suo Regno Eterno.» (RP 6 La fuga in Egitto, parte 2 cap 4)

Tornando al primo testo della PR 6 citato, la madre di Disma, Susanna, si spinge molto oltre: «*Mai lascerò la grotta del deserto, mai il Dio che cerco udrà la mia preghiera! Bisognerebbe che Lui stesso si abbassasse fino a me perché il mio desiderio non fosse una chimera*». Centrale è l'«abbassasse» di Dio, dove il «bisognerebbe» è fondato non tanto su una «necessità», ma sul suo Amore Misericordioso perché «*l'Essere sconosciuto che mi ha creato, e io vorrei conoscerLo*» e l'unico modo per «conoscerLo», in senso biblico supponiamo, è proprio nel Suo farsi piccolo. Infine

[34] Ricordiamo che è un testo che serviva ad una recita teatrale.

evidenziamo nuovamente fino a che punto si spinge la preghiera di Susanna: «*per vederlo felice, darei mille volte la vita*», è qui che vediamo anche la qualità e lo spirito di preghiera di santa Teresina, dove la sua preghiera, ad esempio per il criminale Pranzini, è stata la preghiera di una madre disposta a qualsiasi sacrificio, anche disposta al sacrificio della vita,[35] pur di vedere la felicità *eterna* del figlio, con un tema teresiano molto forte, basato non sui propri meriti, ma sulla Misericordia di Dio, perché «*Dio non respingerebbe la preghiera di un cuore di madre che a Lui si affida*». Significativo è il commento di don Dolindo Ruotolo, del brano del vangelo di Luca 7,11-17, la resurrezione del figlio della vedova di Nain; per don Dolindo, Gesù è mosso a compassione, anche perché Gesù vede in quella donna l'immagine di Maria Santissima che nella sua Ora l'avrebbe pianto morto sulla Croce:

> «Psicologicamente, infatti, la compassione è viva quando il dolore altrui ha riflessi ed echi nel nostro cuore. Ora, Gesù aveva continuamente presente la sua Passione e i dolori che avrebbe sofferto la sua Madre divina; quella Madre addolorata non poteva non richiamare il pensiero di Maria».[36]

Non possiamo dimenticare che Teresina riversa su questa preghiera, non solo la sua esperienza, ma la sua teologia e occorre leggerla da questo punto di vista.

> «L'anziano lesse, sorrise, e facendo rialzare il fratello, gli disse: "Figlio, metti la tua mano sul mio collo". E appena il fratello ebbe fatto ciò, quel grande anziano gli disse: "Questo peccato sia sul mio collo, fratello, per tutti gli anni che ti ha tormentato e ancora Ti tormenterà; tu cerca soltanto di non dartene più pensiero!".

Questo gesto potrebbe alludere a una prassi rituale della penitenza presente nella chiesa antica, di cui oggi rimane una traccia nell'atto del presbitero che poggia la mano sul collo del penitente, durante la confessione nel rito bizantino; il gesto implica amore e solidarietà con l'umanità, perché l'anziano si faccia carico delle sofferenze degli altri, e così "porta la croce" (cf. Lc 14,27) di Cristo.

---

[35] Non è a caso che si è offerta come vittima all'Amore Misericordioso.

[36] DON DOLINDO RUOTOLO, *Nuovo Testamento, i Quattro Vangeli*, Casa Mariana Editrice Apostolato Stampa, Napoli 2006, pag. 1166-1167.

> Del resto, il padre spirituale preferirebbe la sua stessa dannazione a quella dei suoi discepoli. Anche se Climaco non sviluppa questo argomento, esso è certamente implicito nella *Scala* e lo si può trovare formulato in modo esplicito sia nella tradizione patristica precedente che in quella posteriore. La fonte biblica è la supplica che Mosè rivolge a Dio in favore del suo popolo: "Questo popolo ha commesso un grande peccato: si sono fatti un dio d'oro! Ma ora se tu perdonassi il loro peccato ... Se no, cancellami dal tuo libro che hai scritto!" (Es 32,31-32). Facendo eco a questo sentimento, Barsanufio prega Dio: "Signore, o mi accogli nel tuo Regno con i miei figli, oppure cancella anche me dal tuo libro!".».[37]

Nella tradizione dei Padri del Deserto il termine «Padre e Madre» sono molto più pieni; tenendo presente che per i Padri del Deserto la funzione dell'Abba e della Amma era quella di essere dei «servi di Dio», il «Padre» era solo uno quello celeste (Mt 23,39). Il «padre spirituale» non fa altro che comunicare la Parola di Dio. Nei Padri del Deserto infatti abbiamo l'elemento della piena solidarietà coi figli, come anche il caso di Mosè col suo popolo. Abbiamo in pieno l'atteggiamento dell'*umile* che non tiene alcun conto dei privilegi e delle virtù ma fa forza sul perdono di Dio. In secondo luogo, emerge molto bene l'elemento di solidarietà, ma non del peccato, ma della sofferenza degli altri, in pieno stile evangelico, con la consapevolezza[38] che è Cristo che perdona e redime dal peccato. Infine, l'amore per i propri «discepoli/figli» è molto forte anche nei Padri ed è il frutto di un cuore completamente trasformato dall'Amore Misericordioso.

---

[37] JOHN CHRYSSAVAGIS, Introduzione in GIOVANNI CLIMACO, *La Scala*, Edizioni Qiqajon, Magnano (Bi) 2005, pag. 43.

[38] Il richiamo che il gesto fa a una prassi della confessione bizantina.

Il Volto Splendido

Il Sacro Cuore.

Prima di analizzare e considerare la «prova della fede» o come più correttamente padre François-Marie Léthel, nel libro già citato, definisce come «la passione di Teresa», soffermiamoci su una poesia che Teresa scrisse circa il Sacro Cuore.

Significativa questa testimonianza riportata da padre Maria Eugenio di Gesù Bambino:

> «Un giorno, nel corso di una conversazione con suor Genoveffa – io parlavo spesso con lei e cercavo evidentemente di conoscere tutti i suoi segreti – ella mi disse:
>
> > «Mia sorella non aveva devozioni».
> > «Come? Non aveva devozioni».
> > «No, per esempio non comprendeva come tutti la devozione al Sacro Cuore».
> > «Perché?».
> > «Perché ne avevano fatto una devozione, quando è un culto, quello dell'Amore. La sua comprensione sorpassava tutte le pratiche abituali: il primo venerdì del mese, ecc...».
> > «E allora il Volto Santo?».
> > Oh, la devozione al Volto Santo non è una devozione: quando si ama qualcuno lo si guarda in viso, non si guardano né i piedi, né le spalle. Per Teresa la devozione al Volto Santo consisteva nel guardare il buon Dio. È perfettamente giusto e teologale!».
>
> Teresa vedeva Gesù, cercava la sua fisionomia nelle profezie di Isaia, nel Volto Santo dove è sofferente. La devozione al Volto Santo non è che una forma di devozione alla Persona perché il volto rappresenta la persona. Teresa aveva proprio ragione: «Il suo volto è la mia luce, è la mia devozione». Guardava Dio attraverso la sua forma umana, perché vi trovava il riflesso della divinità insieme alle tracce della sua sofferenza.»[39]

Per lei il Sacro Cuore non può essere ridotto alle pratiche: primo venerdì del mese, immaginette, preghiere... esso è qualcosa di più: è il simbolo dell'Amore di Dio rivelato pienamente nell'amore

[39] Padre Maria Eugenio di Gesù Bambino, *Il tuo amore è cresciuto con me, un genio spirituale Teresa di Lisieux*, Edizioni OCD, Roma (Moena) 2004, pag. 46-47.

umano di Cristo Gesù al quale bisogna inginocchiarsi e adorare, è un qualcosa di grande, infinito che sorpassa tutte le forme devozionali e le pratiche e non può essere ridotto ad esse. Visione molto interessante che riporta su una base differente il culto al Sacro Cuore e pone in discussione la forma storica del suo tempo, scaduta in un riduzionismo dalla quale la santa prende le distanze. Teresina ha un cristocentrismo molto radicato, è profondamente ancorata alla Santa Umanità di Cristo e persino nella «devozione al Santo Volto» riporta tutta la sua originalità. In primo luogo, rappresenta la persona, è un pensiero biblicamente radicato, dove il Volto rappresenta la persona stessa di Cristo; in secondo luogo rappresenta la Passione di Cristo. Entrambi questi elementi svolgeranno un ruolo decisivo per quanto concerne la «passione di Teresa». Amore Misericordioso e Volto Santo sono quindi l'apice di un'esperienza mistica che ha tutto il dramma della comunione con la Croce di Cristo.

Silenzio e verginità.

«LT 122 A Celina

J.M.J.T.

Gesù † 14 ottobre 90

Mia diletta Celina,

Non voglio lasciar partire la lettera di Maria senza aggiungervi due parole per te. La nostra amata Madre mi permette di venir a fare la mia preghiera con te!... Celina, ma non è forse quello che noi facciamo *sempre* insieme?...

Celina diletta, è *sempre* la stessa cosa che ho da dirti. Ah, preghiamo per i sacerdoti! Ogni giorno mostra quanto siano rari gli amici di Gesù... Mi sembra che ciò che gli deve costare di più sia l'ingratitudine **[1v°]**, soprattutto vedendo le anime che gli sono consacrate dare ad altri quel cuore che gli appartiene in modo così assoluto... Celina, facciamo del nostro cuore una piccola aiuola di delizie in cui Gesù venga a riposarsi... Non piantiamo che Gigli nel nostro giardino, sì dei Gigli e non accettiamo altri fiori, poiché gli altri possono essere coltivate da altre persone, ma i Gigli sono solo le vergini che possono offrirli a Gesù.

«La verginità è un silenzio profondo di tutte le preoccupazioni della terra», non solo delle preoccupazioni inutili, ma di *tutte le preoccupazioni*... Per essere vergine bisogna pensare solo allo sposo, che non tollera nulla intorno a sé che non sia vergine, «poiché ha voluto nascere da una madre vergine, avere un precursore vergine, un tutore vergine, un discepolo prediletto vergine **[2r°]**, e infine anche un sepolcro vergine». E vuole anche una piccola sposa vergine, la sua CELINA!...

Inoltre viene detto che «ciascuno ama naturalmente la sua terra natale e, siccome la terra natale di Gesù è la Vergine delle vergini, e Gesù è nato, per sua volontà, da un Giglio, egli ama trovarsi in cuori vergini».

E il tuo viaggio?... Sembro dimenticarlo!... No, il mio cuore ti segue laggiù. Capisco ciò che provi,... capisco tutto!... Tutto passa, il viaggio a Roma con le sue lacerazioni *è passato,* la nostra vita di un tempo è passata... Anche la *morte* passerà, e allora gioiremo della vita; non solo per secoli, perché milioni di anni passeranno **[2v°]** per noi come un giorno e altri milioni di anni seguiranno ai precedenti, pieni di riposo e di felicità... Celina!...

Prega molto il Sacro Cuore. Tu lo sai: io non guardo al Sacro Cuore come tutti; penso che il cuore del mio sposo è solo mio, così come il mio appartiene solo a lui, [Ct 2,16] e allora nella solitudine gli parlo di questo delizioso cuore a cuore, aspettando di contemplarlo un giorno a faccia a faccia! [1Cor 13,12]

Laggiù non dimenticare la tua Teresa: sussurra appena il suo nome e Gesù capirà. Tante grazie sono legate a quel luogo, soprattutto per un cuore che soffre.

Vorrei tanto scrivere a Leonia, ma è impossibile, non ho neppure il tempo di rileggermi: dille quanto penso a lei, ecc., ecc. Sono sicura **[2v°tv]** che il Sacro Cuore le accorderà molte grazie, ecc., ecc. Dille tutto, tu capisci!...

La tua Teresa di Gesù Bambino del Volto Santo
rel.carm.ind.»

Già in questa lettera possiamo notare come santa Teresina rielabori creativamente alcuni temi classici della spiritualità del suo tempo e che risultano anche per noi, per certi versi, inediti. Anzitutto parte dal tema dei sacerdoti, amici rari di Gesù e del cuore delle anime consacrate, fatte per essere solo di Cristo e la terribile constatazione che in molti casi non è così. Qui possiamo ricollegarci al tema precedente di Giuda e il Discepolo Amato, due figure che sintetizzano molto bene gli esiti dell'opzione a cui il credente, a qualunque stato di vita appartenga, è chiamato a compiere. A questo punto santa Teresina presenta la sua soluzione, il suo modo di «riparare» a quella mancanza ed è nel fare «*del cuore una piccola aiuola di delizie in cui Gesù venga a riposarsi...*». è su questo punto preciso che inserisce la sua vocazione verginale: «*Non piantiamo che Gigli nel nostro giardino, sì dei Gigli e non accettiamo altri fiori, poiché gli altri possono essere coltivati da altre persone, ma i Gigli sono solo le vergini che possono offrirli a Gesù*». Se ci accostiamo a questo brano con la chiave evangelica dell'ultima cena dove il Discepolo Amato s'inchina sul petto di Gesù, possiamo notare tutto lo spessore e la profondità del messaggio che la santa vuol comunicare a Celina. Anche questo non dobbiamo dimenticare: santa Teresina sta scrivendo a Celina desiderosa di consacrare la sua vita a Gesù come lei e, da buona sorella maggiore, santa Teresina le «comunica» la sua esperienza mistica.

Un altro nodo tematico importante è il nodo della «verginità» che si sviluppa proprio per descrivere quali sono le caratteristiche di un «cuore» dove Gesù si riposa. Anzitutto la domanda che ci poniamo è questa: perché Gesù si riposa in un cuore verginale? Quali sono le caratteristiche del cuore verginale?

Alla prima domanda la risposta è semplicissima: Gesù «*ha voluto nascere da una madre vergine, avere un precursore vergine, un tutore vergine, un discepolo prediletto vergine, e infine anche un sepolcro vergine*». Sono tre i riferimenti da cui attinge l'esperienza mistica di santa Teresina. Anzitutto la «Madre Vergine», non dimentichiamoci che santa Teresina è in un Ordine mariano, per cui l'esperienza mistica con Maria è molto forte, tuttavia associa un'altra figura che è il «discepolo prediletto/amato vergine», ma accosta anche la figura di Giovanni Battista, colto nella sua missione di precursore e san Giuseppe, colto anche lui nel suo ruolo di tutore. Qual è il punto in comune che hanno queste figure? Il loro rapporto con Gesù, tutti quanti sono citati nel loro rapporto con Cristo: quindi al centro di queste citazioni santa Teresina pone Cristo e coglie tutto in riferimento a lui.

Per santa Teresina, la verginità più che essere una verginità fisica è uno stato che include due caratteristiche positive: il pensiero deve essere solo di Cristo e il silenzio interiore libera il cuore da tutte le preoccupazioni. Santa Teresina non arriverà ad elaborare lo stato di «quiete», l'esichia, ma ne abbiamo tutte le caratteristiche. Nel cogliere la verginità come uno stato di silenzio e dove il pensiero è dello sposo, si pone anche nella direzione della preghiera continua, dello «stare alla presenza del Signore», tema eliano (cfr. 1Re 17,16) molto caro non solo al Carmelo ma a tutta la tradizione contemplativa. Il pensiero rivolto al Signore, frutto maturo della lotta contro i pensieri che «distolgono dal Signore», è un altro tema moto caro alla tradizione esicasta. È chiaro che santa Teresina non aveva il bagaglio culturale per elaborare un pensiero spirituale che sintetizzasse il carisma carmelitano con l'esicasmo, tuttavia il frutto della sua vita di orazione è stato un «silenzio interiore» e «un pensiero rivolto al Signore» che legge come le due caratteristiche importanti della «verginità» del cuore che è anche l'esichia; non è una forzatura la nostra lettura con chiave esicasta, ma è un cercare di cogliere nel profondo l'esito della sua esperienza spirituale.

Significativa la Poesia Supplementare 7:

««Il silenzio è il linguaggio dolce»

«Questo è il mio comandamento: che vi amiate gli uni gli altri come io vi ho amati» (*Gv* 16, 12)

1 Il silenzio è il bel linguaggio
degli angeli e degli eletti.
E il segno diventerà
dell'anime che in Gesù s'amano.

2 Sol pensando a sacrificarsi,
amarsi è dato nel Carmelo.
Domani, di delizie avvolte,
lassù nel Cielo ci ameremo.»

Santa Teresina costruisce questa poesia sul silenzio a partire dal comandamento dell'amore che ci riporta l'evangelista Giovanni. Quindi il silenzio è una dimensione interiore, frutto dell'Amore di Cristo che ci ama e ci trasforma, ma è soprattutto colto in una dimensione di dialogo. Sembra quindi un paradosso: il silenzio dovrebbe richiamare una dimensione intima con Gesù e in realtà per santa Teresina è il linguaggio degli angeli e degli uomini/eletti, perché? Perché entrambi vivono dell'Amore di Cristo Gesù e se il silenzio è una dimensione interiore d'amore con Gesù, diventa anche la «forma» di colloquio con gli altri. La vita escatologica che inizia «domani, lassù» comincia quindi già su questa terra anticipata dal silenzio interiore che è linguaggio d'amore con Gesù e con gli altri.

Ci domandiamo a questo punto se la citazione della «tomba vergine» abbia un significato preciso oppure sia una citazione «casuale» priva di un significato. In realtà la tomba compare anche nella Poesia 23 dedicata al Sacro Cuore, quindi possiamo affermare che nel pensiero teresiano la tomba sia legata in un qualche modo al Sacro Cuore di Gesù. Commentando la strofa 3 della P 23, Paola Mostarda scrive:

«La natura o è simbolo di Dio o non è che una vasta tomba!
Il paragone della natura come una tomba, avvertito come un po' enfatico, non è un'esagerazione iperbolica, ma un riferimento diretto alle strofe precedenti, alla tomba presso cui la Maddalena cerca con ansia Gesù. Teresa mette la sua ricerca di Dio in relazione con la ricerca della Maddalena: entrambe hanno l'unico interesse di rintracciare assolutamente Gesù.»[40]

[40] PAOLA MOSTARDA, *La simbolica della natura nella teologia di santa Teresa di Lisieux*, Edizioni OCD, Roma Moena 2006, pag. 283.

La tomba quindi richiama simbolicamente sia il tema della ricerca di Gesù, di cui l'icona più bella è la Maddalena, sia «una natura dove "non c'è Dio" e quindi una vasta tomba». Ma quasi in modo paradossale, quella vasta tomba accoglierà il Corpo di Gesù e sarà quella tomba ad accogliere il Mistero della Risurrezione. Non dimentichiamoci, per rafforzare la nostra interpretazione, il desiderio forte di santa Teresina:

> «Teresa aveva chiesto la morte di Gesù in croce e l'ha ottenuta.
> … Teresa d'altronde l'aveva predetto: «Non vi meravigliate: è la morte di Gesù in croce che ho chiesto», quella di Gesù che dice «Padre perché mi hai abbandonato». Di conseguenza soffrirà così fino all'ultimo momento, ed il suo ultimo atto d'amore sarà nella notte, una notte molto più fonda in cui vi sono le tentazioni del demonio, dove sembra che tutto l'inferno si riunisca intorno al suo letto. Ecco santa Teresa di Gesù Bambino.»[41]

Quindi il tema della ricerca, di cui l'icona è la Maddalena che cerca Gesù, il tema della notte, a cui è legato implicitamente il tema della ricerca e il simbolo della tomba sono strettamente collegati. Tuttavia, possiamo aggiungere anche il tema della prova della fede. Infatti, se guardiamo la vicenda di santa Teresina non tanto dal punto di vista della sua coscienza credente, ma dal punto di vista dell'esperienza mistica, l'icona della Maddalena è strettamente legata al tema della fede debole, della fede che cerca «tra i morti colui che è vivo» (cfr Lc 24,5-7). Non dimentichiamoci che Maria non credeva che Gesù potesse far risorgere Lazzaro (cfr. Gv 11) e ha anticipato la sepoltura di Gesù con l'unzione di Betania (cfr Gv 12,1-11).

> «[7]Gesù allora disse: «Lasciala fare, perché essa lo conservi per il giorno della mia sepoltura. [8]I poveri infatti li avete sempre con voi, ma non sempre avete me».» (Gv 12,7-8)

> «[17]Gesù le disse: «Non mi trattenere, perché non sono ancora salito al Padre; ma va' dai miei fratelli e di' loro: «Salgo al Padre mio e Padre vostro, Dio mio e Dio vostro»»». (Gv 20,17).

È vero, santa Teresa di Gesù Bambino ha partecipato, in una certa misura, alla Morte in Croce di Gesù e ha partecipato, in una certa misura, «all'abbandono del Padre» e si «è seduta alla mensa dei peccatori, tuttavia, come abbiamo ripetuto tante volte, «passare attraverso questa strada» è stata la modalità con cui prima di tutto il Signore Gesù ha salvato lei. Non possiamo scindere i due aspetti,

---

[41] PADRE MARIA EUGÈNE DE L'ENFANT JÉSUS, *Il tuo amore è cresciuto con me*, Edizioni OCD, Roma Moena 2004, pag. 57-58.

perché solo Cristo è il Salvatore. Siamo d'accordo che «la prova della fede» fosse stata per lei la modalità che lo Spirito ha voluto affinché potesse «essere solidale» con i peccatori e che la sofferenza che ne derivava era per lei il modo concreto di vivere la solidarietà con loro. Tuttavia, credo che nel più profondo del suo cuore la «tentazione» contro la fede, fosse stata la sua tentazione. La grazia l'aveva trasformata, tuttavia aveva lasciato, in modo misterioso, «la ferita» che poi costituirà la sua «prova» per eccellenza.
La lettera prosegue con delle conclusioni pratiche importanti.

> «Inoltre viene detto che «ciascuno ama naturalmente la sua terra natale e, siccome la terra natale di Gesù è la Vergine delle vergini, e Gesù è nato, per sua volontà, da un Giglio, egli ama trovarsi in cuori vergini».»

La Terra Natale di Gesù è la Vergine delle vergini, possiamo intuire la profondità della sua asserzione, ed è la «volontà» di Gesù, per cui, prima conclusione, Gesù ama «trovarsi» in cuori vergini. Seconda conclusione di santa Teresina è che tutto passa e la vita è simboleggiata da un viaggio. Qui implicitamente possiamo leggere che il cuore di santa Teresina è totalmente per Gesù, ha raggiunto lo «stato di verginità».
Ora possiamo comprendere lo spessore spirituale di questa affermazione:

> «Prega molto il Sacro Cuore. Tu lo sai: io non guardo al Sacro Cuore come tutti; penso che il cuore del mio sposo è solo mio, così come il mio appartiene solo a lui, e allora nella solitudine gli parlo di questo delizioso cuore a cuore, aspettando di contemplarlo un giorno a faccia a faccia!»

Per Teresina, il Cuore di Gesù è il Cuore del suo Sposo. Ovviamente, il riferimento sponsale va letto in chiave simbolica, se oggettivizziamo il simbolo cadremmo nella banalità e rischieremmo il fraintendimento e ci esporremmo a letture del simbolo «oggettivizzato» molto pericolose e mistificatrici.[42] Il riferimento del «cuore a cuore» è un chiaro riferimento della Santa Madre Teresa, la quale descriveva l'Orazione come un «cuore a cuore». Conferma la lettura dello stato verginale che coincide sia con l'esichia sia con la preghiera continua. Ma siamo più precisi.

---

[42] Un esempio di banalizzazione e oggettivizzazione del simbolo è la pratica, utilizzata anche in ambienti religiosi maschili prima del Concilio Ecumenico Vaticano II, di indossare una corona di fiori in testa, che con la cappa bianca apriva a una lettura sponsale oggettivizzata, perché con la professione si diventava la sposa di Gesù. Il simbolo sponsale quindi va colto in modo simbolico per descrivere l'*unione* fra l'uomo e Cristo che diventano una *cosa sola*. Da questo punto di vista, Nicola Cabasilas utilizza una teologia molto più precisa e meno esposta a banalizzazioni e oggettivazioni.

«l'orazione mentale non è altro, se non un rapporto d'amicizia, un trovarsi frequentemente da soli a soli con chi sappiamo che ci ama.» (Santa Teresa di Gesù, Vita 8,5)[43]

Santa Teresina legge il testo della Santa Madre in chiave sponsale. L'inizio richiama la preghiera «prega molto il Sacro Cuore» affermando l'assoluta centralità di Cristo e del suo amore solo per Cristo. Teresina trasforma il «da soli a soli» in «cuore a cuore» rafforzano il carattere intimo e profondo del legame con Gesù e così mostra a Celina che lo stato di preghiera coincide in un'intimità letta in chiave sponsale, infatti, non dimentichiamo che la sposa desidera l'intimità col suo Sposo e come tutti gli sposi cercano la solitudine per poter vivere il loro amore. Teresina così ci mostra la qualità dello «stare alla presenza di Dio» e che cosa voglia dire la preghiera continua nella sua vita.

Il Sacro Cuore per santa Teresina richiama principalmente la sua *unione* con Cristo ed è strettamente legato alla preghiera continua, preghiera che avviene con una tensione amorosa con carattere escatologico, in attesa del «compimento» del «cuore a cuore».

Il simbolo del Fuoco.

Abbiamo già affrontato il simbolo della tomba presente nella poesia, ora affrontiamo un'altra tematica importante: le fiamme del purgatorio. Vi sono due lettere che sintetizzano molto bene il simbolo del fuoco in Teresa di Lisieux: la *Lettera 221* e la *Lettera 226*.

Per il simbolo del «fuoco» ci riferiamo, molto brevemente, sulle ultime pagine del Manoscritto C. Dal punto di vista simbolico il «fuoco» richiama l'energia, la bellezza, il calore, la luce, la danza fluida della sua fiamma; tradizionalmente esistono tre filoni interpretativi: l'amore universale dove per eccellenza è stato applicato allo Spirito; le fiamme del purgatorio, per via del suo profilo purificativo, di «separazione» dei metalli; ma anche il simbolo della dannazione, perché col fuoco ci si può far male e brucia. Teresina è discepola di Giovanni della Croce e ne percorrerà la strada che il nostro Santo Padre ha tracciato: l'innamoramento, la purificazione d'amore e la grande consumazione d'amore. Il fuoco rappresenta già per gli antichi Greci il simbolo di Eros un amore che vuole fondersi, per Giovanni della Croce il fuoco rappresenta lo Spirito Santo che consuma il legno, lo purifica da tutte le impurità e mentre lo purifica lo unisce a sé fino a farlo essere una sola cosa con sé; la poesia «Fiamma Viva D'amor» rappresenta l'ultimo stadio della vita spirituale, il più alto dove l'uomo, rappresentato dal legno, è completamente purificato e unito al Fuoco/Spirito.

[43] Il testo utilizzato è quello delle Edizioni Paoline.

Quindi non è un caso che Teresina concluda il manoscritto con questo simbolo. Lei discepola di Giovanni della Croce vivrà la prova della fede, la sua Notte Oscura, anche nella sua terza fase, diversa dalla seconda perché è una Notte che intravede le primissime e timide luci dell'alba. È con questo spirito che Teresa scrive e vive queste pagine. Ora vi presento prima la *Fiamma viva d'Amor* e poi l'ultima pagina dello scritto di Teresina.

Possiamo notare una sorta di parallelismo fra le righe dell'immagine del ferro e del fuoco quella di Giovanni della Croce del legno e del fuoco. Teresa qui sa di essere ammalata a differenza del Manoscritto A dove non è ancora ammalata. Ma credo che con questa ultima immagine Teresa sia consapevole di essere arrivata al vertice della sua vita spirituale.

Teresa nelle ultime pagine del Manoscritto C, dove conclude col simbolo del Fuoco, ha al centro della sua riflessione il suo «ufficio di carità»: la sua missione. Quindi queste ultime pagine si concentrano sulla missione di una carmelitana e rielabora non solo tematiche sanjuaniste ma anche teresiane, sempre avendo come «anima» o base su cui si sviluppa tutto il suo discorso la Sacra Scrittura e in particolar modo quella che noi chiamiamo: la preghiera Sacerdotale di Gesù. Ciò che qui conta è che Teresina considera quella preghiera come tale e inserisce a sua volta il suo «ufficio di carità» nella sua «vocazione sacerdotale», quello che noi chiamiamo il sacerdozio comune dei fedeli. È importante notare come lei è consapevole del fatto che prima di tutto Gesù affida a lei, per mezzo della madre, due fratelli sacerdoti per cui pregare e si comporta nei loro confronti come Gesù si è comportato nei confronti degli apostoli: lei è in comunione con il Sacerdozio di Gesù, proprio perché è in comunione con Cristo e proprio perché è indicato dal suo importantissimo e vitale «ufficio di carità». Credo che qui abbiamo un'ulteriore specificazione di cosa lei intendesse con la famosa frase del manoscritto B quando dice: «Nel cuore della Chiesa mia madre io sarò l'amore, così sarò tutto». Teresina ha sentito la sua vocazione di «sacerdote», si può ipotizzare che il contesto di emancipazione femminile che stava nascendo nei suoi anni, soffocato poi con le due guerre per essere ripreso successivamente, l'abbia influenzata, ma credo in ogni caso sia stato lo Spirito a metterle nel cuore la sua vocazione, poi si è fatta istruire dalla tradizione dei santi carmelitani, dalla Scrittura e dai suoi desideri; ma solo un'anima che si lascia istruire dallo Spirito può essere giunta a una così grande intuizione, senza svilire il sacerdozio sacramentale e senza un complesso d'inferiorità che poteva nascere da un desiderio «frustrato». Quel desiderio l'aveva nel cuore, perché era Dio stesso che glielo aveva messo e di questo ne aveva la consapevolezza, ma occorreva trovare la strada da percorrere, perché era in gioco la sua vocazione di carmelitana.

«Non comprendo, fratello mio, il fatto che lei sembra dubitare del suo ingresso immediato in Cielo, nel caso che gli infedeli le togliessero la vita. **[1v°]** So che è necessario essere completamente puri per comparire dinanzi al Dio di ogni Santità, ma so anche che il Signore è infinitamente Giusto, ed è questa giustizia, che spaventa tante anime, a costituire il motivo della mia gioia e della mia fiducia. Essere giusto non vuol dire soltanto esercitare la severità per punire i colpevoli, vuol dire anche riconoscere le intenzioni rette e ricompensare la virtù. Io spero tanto dalla giustizia di Dio quanto dalla sua misericordia. Appunto perché è giusto «Egli è compassionevole e pieno di dolcezza, lento nel punire e ricco di misericordia. [Sal 102,8] Infatti conosce la nostra fragilità e si ricorda che noi siamo polvere. [Sal 102,14] Come un padre prova tenerezza per i suoi figli, così il Signore prova compassione di noi»... [Sal 103,13] O Fratello mio, ascoltando queste belle e consolanti parole del Profeta-Re, come dubitare che il Buon Dio possa non aprire le porte del Regno ai suoi figli che l'hanno amato fino a sacrificare tutto per Lui, i quali non soltanto hanno lasciato la loro famiglia e la loro patria per farlo conoscere e amare, ma desiderano inoltre donare la loro vita per Colui che amano!... Gesù aveva proprio ragione di dire che non c'è amore più grande di questo! [Gv 15,13]

Come dunque si lascerebbe vincere in generosità? Come potrebbe purificare nelle fiamme del purgatorio anime consumate dal fuoco dell'amore divino? È vero che nessuna vita umana è esente da colpe: solo la Vergine Immacolata si presenta assolutamente pura dinanzi alla Maestà Divina. Che gioia pensare che questa Vergine è la nostra Madre! Giacché Lei ci ama e conosce la nostra debolezza, che cosa abbiamo da temere?» (Lettera 226, 1r-1v)

Ciò che evidenziamo di questa parte di Lettera è anzitutto la non contrapposizione tra Giustizia e Misericordia, in secondo logo il valore purificativo del purgatorio. Vedremo che nella poesia Teresina si spingerà oltre. Inoltre nella tradizione sanjuanista, di cui Teresina assimila la teologia mistica, la purificazione è una purificazione d'amore, una trasformazione d'amore.

Poesia 23.

Leggiamo nelle note del testo: SANTA TERESA DI GESÙ BAMBINO, *Opere Complete*, Libreria Editrice Vaticana Edizioni ODC, Città del Vaticano 2009:

«DATA: 21 giugno o ottobre 1895. – COMPOSTA PER: suor Maria del Sacro Cuore. – PUBBLICAZIONE: HA 98, nove versi corretti. – MELODIA: «*Le petit soulier de Noël*».
Per non scompigliare la nuova numerazione delle *Poesie* del 1975, è stata conservata, nella Edizione del Centenario, la data congetturale di ottobre comunemente attribuita a questo testo fin dal 1907 (HA 07, p. 388). La data del 21 giugno 1895 sembra tuttavia più probabile (cfr. *Poésies*,

II, p. 147), il che riporterebbe questa poesia *Al Sacro Cuore di Gesù* subito dopo quella del *Cantico di Celina*.

La cosa importante, in questo piccolo problema cronologico, è che la contemplazione del Sacro Cuore — nel modo con cui Teresa lo «*vede*» — avrebbe accompagnato e preparato l'illuminazione della domenica della Trinità. Comunque sia, la relazione con l'*Atto di offerta* è indubbia (Pr 6; P 23 e Ms A, 84r°/v°).

Teresa non si attarda sul *simbolo* del Cuore ferito dalla lancia. Ella va dritto alla *realtà*: la Persona amante di Gesù, i suoi profondi sentimenti, il suo Cuore colmo di amore. La manifestazione privilegiata di questo amore, ella non la scopre nel Getsemani o nella ferita di lancia del Calvario, ma nella risposta del Risorto all'appassionata ricerca della Maddalena: nel sussurro del suo nome.

Forte di questa risposta, che l'assicura che «*il Cuore dello sposo è solo suo, così come il suo appartiene solo a lui*» (cfr. LT 122), la confidenza della sposa non conosce più limiti. Ella si farà sempre più audace, fino ad entrare «*senza ambagi*» nel Cuore del suo Dio. È questo straordinario dinamismo che fa l'unità della poesia. Un quadro imponente dove si esprime un amore umano e insieme soprannaturale dei più intensi.»[44]

- I temi iniziali li abbiamo già visti, ci soffermiamo dalla strofa 4. In questa strofa ritroviamo un tema molto caro a Teresina: la ricerca di un cuore che «non m'abbandoni». Fra le caratteristiche elencate da Teresina «m'abbandoni» è interessante, perché non va solo ad essere un riempitivo psicologico di un'esigenza femminile di protezione. Se vogliamo è un atto di fede! Teresina fonda tutta la sua spiritualità «sull'abbandono» e non è a caso che l'ultima caratteristica che lei elenchi è che il Sacro Cuore sia un Cuore che non «l'abbandoni», perché il suo «abbandonarsi» a Cristo è possibile proprio perché Cristo è affidabile così come il Suo Amore: la prova è proprio il Sacrificio della Croce. Un altro aspetto evidenziato dalla strofa è la richiesta di reciprocità. Mi spiego: la distanza tra Dio e l'uomo, tra il Creatore e la creatura, è chiara, dunque affinché l'amore sia possibile, e qui Teresina attinge da un tema sanjuanista, occorre una reciprocità. Questa reciprocità è possibile per tre elementi:
- perché è volontà del Padre che ci sia «*uguaglianza d'amore*»;
- perché Cristo si è fatto nostro fratello, solidale con noi e in Lui possiamo accedere alla pienezza della divinità;
- per il dono dello Spirito che c'incorpora a Cristo.

44 SANTA TERESA DI GESÙ BAMBINO, *Opere Complete*, Libreria Editrice Vaticana Edizioni ODC, Città del Vaticano 2009 pag. 1366-1367.

Nella strofa Teresina esprime la domanda sottolineando l'aspetto di «abbassamento» di Dio: «Dio che con la mia natura mi sia fratello e soffrire possa».

> 5 M'hai udita, Amico, il solo io che amo!
> Alto mistero! Per rapirmi il cuore,
> fatto mortale tu versasti il sangue!
> E tu vivi per me ancor sull'Altare.
> Se pur non vedo il tuo Volto splendido,
> né sentir posso la tua voce dolce,
> io ben posso della tua grazia vivere
> e riposare sul tuo Sacro Cuore.» (P23)

Teresina qui ci mostra il risultato del suo cammino spirituale, dove lo Spirito, «*la Fiamma d'Amor Viva*», ha fatto sì che santa Teresina viva l'assoluto dell'amore per Cristo Gesù, infatti egli è «l'unico che amo». Coerente alla sua piccola via dove ci sono molti fiori nel giardino di Dio e Dio si comporta come se ciascuno fosse unico, ella può riconoscere la Sua Presenza proprio nel sacramento dell'Eucarestia: il Sacrificio della Croce, dove Cristo versa il Suo Sangue per noi. Tuttavia, sorge un problema: l'unico che amo, non «Mostra il Suo Volto». Suor Teresa di Gesù Bambino e del Volto Santo «non può vedere il Volto splendido» dell'«*unico che ama*».
San Giovanni della Croce, nella Poesia VIII,5 scrive:

> «Quando penso di consolarmi
> nel vederti in Sacramento,
> mi cagiona più tormento
> di non giungere a goderti;
> tutto serve a maggior pena
> non vederti come bramo
> *e io muoio perché non muoio*».

Possiamo quindi intuire quale sofferenza ci sia in quel «non posso vedere il Volto splendido». Teresina sa che le visioni soprannaturali in realtà non mostrano il «Volto splendido» di Cristo, ma un'immagine creata in noi dalla grazia, anche se Gesù assicura la sua presenza in quell'immagine. Santa Teresina desidera vedere il «Volto splendido» Reale di Cristo, non un'immagine creata, anche se quelle visioni sarebbero una bella consolazione. A questo proposito scrive padre Maria Eugenio di Gesù Bambino:

> «L'esperienza mistica trova nella luce dei favori straordinari un aiuto prezioso. Tale esperienza è essenzialmente oscura e rimane tale anche quando la sua luce può essere definita un chiarore d'aurora. Nel periodo tenebroso della notte dello spirito essa appare seppellita nella notte; ed è allora che, di solito, intervengono in maggior numero i favori straordinari e che l'anima ne riceve l'aiuto più adeguato.»[45]

Nel caso di santa Teresina, i «*favori*» in *maggior numero* per averne il profitto non ci sono e la «notte» è ancora più tenebrosa. A questo punto saremmo tentati di calcare la mano sull'eroismo titanico che qui mostra lo stato spirituale di santa Teresina, come potremmo evidenziare l'aspetto di solidarietà con tante persone, la maggior parte, ottimi cristiani che pregano e hanno una vita santa, ma che non sono favoriti da questi «aiuti» così importanti. Tuttavia, saremmo parziali e rischieremmo di tradire lo spirito della piccola via tracciata da Teresina, già perché sono le anime «piccole», gli «ultimi» che non hanno questo grande privilegio di essere favorite, ma che sono grandi nel Regno dei Cieli. È proprio su questo particolare aspetto che Teresina inserisce il secondo tratto della devozione al Sacro Cuore di Gesù e chiede in realtà di vivere dell'essenziale: «della sua grazia» e «riposare sul tuo Sacro Cuore». L'immagine rievoca la scena evangelica di Giovanni che si «china sul petto di Gesù», un'immagine che richiama l'intimità e la maturità di un amore che già vive in Teresina, almeno in parte, della sua circolarità. È il conforto che non può avere né dalla «visione del suo Volto splendido», perché dopo l'Ascensione Gesù Risorto è apparso solo a san Paolo, l'ultimo Apostolo e testimone della Risurrezione, né dai favori straordinari.

Santa Teresina confessa a Gesù il suo amore a Gesù in queste strofe: lei ha dato a Gesù «tutto» anche la sua giovane età. Non ha risparmiato nulla e non si è tenuta nulla. Affascinata da Gesù si è donata totalmente. In questo brano non notiamo solo l'amore di Teresina per Gesù, ma la sua grande sofferenza. Se vogliamo possiamo vedervi quasi un anticipo della sua «prova della fede», che vedrà momenti drammatici, arriverà a scrivere il «Credo» con il suo sangue, quasi fosse una sorta di «patto» che ratifichi con la vita il «patto» del Battesimo. «[10]*Signore, è davanti a te ogni mio desiderio e il mio gemito non ti è nascosto*» (Sal 37,10) fa sua quindi questa preghiera del Salmo e la interiorizza, lascia che il suo spirito prenda la forma dallo spirito del Salmo per poter attraversare

---

[45] PADRE MARIA EUGENIO DI GESÙ BAMBINO, *Voglio Vedere Dio*, Libreria Editrice Vaticana, 2009 Città del Vaticano, pag. 848.

la sua «notte» da credente, salvata e sposa di Cristo. In questa fase possiamo vedere un inizio di «rabbia» che culminerà nel giorno in cui Teresina scriverà il Credo col suo sangue, già in queste righe possiamo forse intuire un pensiero inconscio di questo tipo: «ti ho dato tutto, cosa vuoi ancora da me?». Tuttavia, questa «rabbia» sarà utilizzata da Teresina per lottare contro sé stessa, contro il demonio e contro la logica del mondo e diventerà una «ira» secondo natura, come direbbero i Padri.

> «L'assenza di fenomeni mistici straordinari nell'esperienza si Teresa è un grande valore dal punto di vista teologico, perché tutta la sua vita mistica si «riduce» alle tre «virtù teologiche» di fede, speranza e carità in qualche modo allo stato puro, con la più grande semplicità e intensità. Questo la rende anche imitabile per tutti.»[46]

Per quanto ne possiamo dire dei fenomeni straordinari e della pericolosità legata ad essi, anche i più prudenti, come san Giovanni della Croce, ammettono un ruolo abbastanza importante nella vita di chi li vive, santa Teresa di Gesù li definiva una scorciatoia alla santità e così pure padre Maria Eugenio di Gesù Bambino. In Teresina, questo «principio di Archimede» viene assolutamente smentito. Anzitutto abbiamo la conferma che la vita mistica non è qualcosa di altro dalle virtù teologali, in secondo luogo la vita mistica non coincide con fenomeni straordinari e viceversa. Non possiamo nasconderci neppure dietro il paravento di una intelligenza acuta ma, come ha definito san Giovanni Paolo II, Teresina attingeva a quella «scienza d'amore» infusa dallo Spirito, che fece della sua vita un'importante punto di partenza e un nuovo inizio nella storia della mistica. Tuttavia, tradiremmo lo spirito di Teresina se puntassimo tutto su una eroicità titanica, tanto forte da essere stata capace di superare anche i più grandi, infatti la forza di Teresina è stata quella di essersi abbandonata pienamente nelle braccia di Cristo e di essersi lasciata spogliare da lui, di aver vissuto in tutto la sua dimensione filiale, in una parola: di essere stata piccola!

> «271. Lei lo sa, Madre, ho sempre desiderato essere una santa, ma ahimé! ho sempre constatato, quando mi sono confortata con i santi, che tra loro e me c'è la stessa differenza che esiste tra una montagna la cui vetta si perde nei cieli e il granello di sabbia oscuro calpestato sotto i piedi dei passanti. Invece di scoraggiarmi mi sono detta: il Buon Dio non potrebbe ispirare desideri irrealizzabili: quindi nonostante la mia piccolezza posso aspirare alla santità; crescere, mi è impossibile, mi devo sopportare per quello che sono con tutte le mie imperfezioni, ma voglio cercare il modo di andare in Cielo per una via bella dritta, molto corta, una piccola via tutta

[46] P. FRANÇOIS-MARIE LÉTHEL, *La luce di Cristo nel cuore della Chiesa, Giovanni Paolo II e la teologia dei santi*, Libreria Editrice Vaticana, Città del Vaticano 2011, pag. 91-92.

nuova. Siamo in un secolo di invenzioni, ora non vale più la pena di salire i gradini di una scala, dai ricchi un ascensore la sostituisce vantaggiosamente. Vorrei trovare anch'io un ascensore per innalzarmi fino a Gesù, perché sono troppo piccola per salire la dura scala della perfezione. Allora ho cercato nei libri santi l'indicazione dell'ascensore oggetto del mio desiderio e ho letto queste parole uscite dalla bocca della Sapienza Eterna: Se qualcuno è *piccolissimo*, venga a me. Allora sono venuta intuendo di aver trovato ciò che cercavo; e volendo sapere, o mio Dio! ciò che faresti al piccolissimo che rispondesse alla tua chiamata ho continuato le mie ricerche ed ecco quello che ho trovato: - Come una madre accarezza il figlio, così io vi consolerò, vi porterò in braccio e vi cullerò sulle mie ginocchia! Ah! mai parole più tenere, più melodiose, hanno rallegrato la mia anima: l'ascensore che mi deve innalzare fino al Cielo, sono le tue braccia, o Gesù! Per questo non ho bisogno di crescere, anzi bisogna che io resti piccola, che lo diventi sempre di più.» (Manoscritto C, 271)

In questo brano Teresina sintetizza molto bene il lavoro che ha fatto su sé stessa e in cosa è consistita la sua ascesi: nel farsi piccola, anzi, nel collaborare con la grazia di Dio alla sua piccolezza. La chiave di volta, quindi, ciò risulta la vera scorciatoia per la santità la troviamo proprio nell'essere piccoli e nell'abbandono: le due cose sono associate e per essere piccoli occorre una piena spogliazione di noi stessi. Teresina ammette e vede la differenza fra lei e i grandi santi, soprattutto guardando alle sue imperfezioni: sappiamo quanto questo fattore incideva nella spiritualità del tempo, perciò arrivare a dire, come lei fa: «*mi devo sopportare per quello che sono con tutte le mie imperfezioni*», per il suo tempo non vuol dire una situazione di comodo al ribasso, ma andare contro un orgoglio titanico che tendeva a far forza su se stesso e sulla «legge» per autoaffermarsi. Teresina va contro questo modo di pensare e riporta tutto nella chiave evangelica dell'abbandono in Dio e della fiducia nella sua Volontà e Provvidenza, che dispone sempre il meglio per noi. È l'atto stesso di fiducia e abbandono che, unito all'umiltà, costituisce l'elemento fondamentale per «attirare» la grazia santificante di Dio, o meglio, ne costituisce il terreno più fecondo. Tuttavia, sappiamo che il processo non è avvenuto dall'oggi al domani, non è avvenuto a tavolino. La «scienza d'amore» ha preparato la sua dimora: il processo ha avuto come «banco di scuola» la vita stessa di Teresina, è dalla sua infanzia fino ad ora ad aver costituito la «strada» che ha fatto maturare Teresina fino ad elaborare l'abbandono/ascensore nelle braccia di Gesù. Una vita piena di dolori, distacchi, ferite e cadute, ma che sono sempre state vissute con fede e con fiducia nella Provvidenza di Gesù, una vita che non si è lasciata scoraggiare dalle cadute e dagli errori, ma che sempre è stata capace di rialzarsi perché la sua speranza era fondata sulla Misericordia e sul Perdono di Dio in Cristo.

È dalla sua esperienza che occorre cogliere una universalità/essenzialità e un fattore culturale, nonché nuove luci che derivano dalla sua esperienza mistica, attestata dai suoi scritti.
Un tema che emerge in modo preponderante è l'aspetto dell'essere amici di Gesù, tema molto caro alla tradizione carmelitana di cui santa Teresina è parte. Tuttavia, questa amicizia da parte nostra vuol dire:

> «[12]Questo è il mio comandamento: che vi amiate gli uni gli altri come io ho amato voi. [13]Nessuno ha un amore più grande di questo: dare la sua vita per i propri amici. [14]Voi siete miei amici, se fate ciò che io vi comando. [15]Non vi chiamo più servi, perché il servo non sa quello che fa il suo padrone; ma vi ho chiamato amici, perché tutto ciò che ho udito dal Padre mio l'ho fatto conoscere a voi. [16]Non voi avete scelto me, ma io ho scelto voi e vi ho costituiti perché andiate e portiate frutto e il vostro frutto rimanga; perché tutto quello che chiederete al Padre nel mio nome, ve lo conceda. [17]Questo vi comando: che vi amiate gli uni gli altri.» (Gv 15,12-17)

Obbedienza al Vangelo di Gesù Cristo così come ce lo riportano gli evangelisti, tenendo presente che l'obbedienza è la risposta, da parte nostra, all'accoglienza dell'Amore di Gesù che ci salva e ci santifica. Seguendo il modello della lectio divina dei Padri del deserto, conosco il Vangelo e lo comprendo nella misura in cui lo vivo. Il tema della «riparazione» assume in santa Teresina un tratto tipicamente carmelitano: sulla scia di santa Teresa di Gesù, si ripara al male fatto amando Gesù e facendo sì che il nostro cuore appartenga solo a lui, che sia l'*Unico* amore della nostra vita. L'intimità con Cristo farà anche nascere la solidarietà coi «peccatori» e la preghiera per la loro conversione. Dall'intimità con Cristo, lo Spirito realizza in noi l'esichia, lo stato di quiete e di preghiera continua, proprio perché «stiamo alla sua amorosa presenza». «Silenzio» poi vuol dire principalmente «ascolto»: di Dio che ci parla attraverso il Figlio nello Spirito e dell'altro, il nostro fratello e la nostra sorella. «Silenzio» è la capacità di non lasciarci vincere dai pregiudizi per entrare invece in comunione e sintonia con i nostri fratelli e le nostre sorelle in Cristo. «Silenzio» vuol dire lasciarci salvare dall'Amore di Gesù Cristo. Amicizia con Gesù vuol dire vivere i suoi comandamenti, essere testimoni viventi del suo Vangelo e non dimenticare che noi siamo gli amici di Gesù e non viceversa. Vivere nelle virtù teologali vuol dire trovarsi fra il «già e non ancora», proprio questo «già e non ancora» apre la possibilità di una «prova» - nel caso di Teresina, la prova della fede.
Un altro tratto della devozione al Sacro Cuore è la capacità di vivere con fede ogni momento della nostra vita, capacità di guardare la profondità e l'essenza di ciò che viviamo come dono splendido di Gesù Cristo, per cui una suora che muore a 24 anni di tubercolosi, materialmente non ha nulla di

diverso da tante giovani che al tempo di Teresina morivano per la stessa e identica malattia, né più e né meno di straordinario e di soprannaturale; ma vista alla luce della fede possiamo vedervi una profonda *unione* alla Passione di Gesù Cristo, un'*unione* al suo:

> «Alle tre, Gesù gridò a gran voce: Eloì, Eloì, lemà sabactàni?, che significa: Dio mio, Dio mio, perché mi hai abbandonato?» (Mc 15,34)

Che non è principalmente uno «stato» di abbandono, ma una preghiera al Padre.
È alla luce dell'*unione* piena con Cristo che va letto il simbolo sponsale, presente nel pensiero teresiano:

> «[31]*Per questo l'uomo lascerà il padre e la madre e si unirà a sua moglie e i due diventeranno una sola carne.* [32]Questo mistero è grande: io lo dico in riferimento a Cristo e alla Chiesa!» (Ef 5,31-32)

> «[2]Io provo infatti per voi una specie di gelosia divina: vi ho promessi infatti a un unico sposo, per presentarvi a Cristo come vergine casta.» (2Cor 11,2)

Da questo punto di vista riusciamo ad accorgerci del nostro filtro di lettura segnato dalla teologia mistica occidentale, limitata nella sua elaborazione sistematica. Se adottiamo, ad esempio, la teologia dei Padri e in particolare l'ascetica Ortodossa, riusciremmo a vedere come il riferimento a Gesù Cristo e alla sua Sacra Umanità, costituisca nel pensiero di Teresina una svolta radicale nel panorama spirituale occidentale. Già san Giovanni della Croce aveva messo al centro Cristo e con Teresina vediamo espresso narrativamente non solo ciò che san Giovanni della Croce disegnava nel suo impianto teologico, ma anche ciò che i Padri ci consegnano nei loro scritti. In particolare, se ci riferiamo a Nicola Cabasilas, riusciamo a cogliere maggiormente l'importanza di Gesù nell'esperienza mistica di santa Teresina e perché lei arriverà a desiderare l'Eucarestia quotidiana come il sostentamento essenziale per il credente. L'altro tema imbarazzante, per la nostra teologia, è il fatto che santa Teresina non avesse un direttore spirituale. Quando un esperto di Teresina s'accosta a questo tema è sempre a disagio, ciò che è errato non è l'atteggiamento di Teresina, ma il nostro modo di pensare e di vivere la fede. Infatti, il cristianesimo non è esoterismo e la nostra comunione con Gesù Cristo è reale e realmente il Signore ci giuda: i Padri dicono che in assenza di una guida spirituale, suppliscono la Scrittura e i Padri, infatti, a fungere da «guida» per Teresina furono il Vangelo e san Giovanni della Croce.

Santa Teresina sceglie come «purgatorio» il Cuore di Gesù, dove lascia che sia il Fuoco del suo Amore a trasformarla nell'«Amore». Cosa vuol dire questo nella nostra vita quotidiana? Vuol dire vivere la vita come una stupenda storia d'amore tra noi e Dio, il «luogo» dove è possibile incontrarci con l'Amore della Santissima Trinità e il Cuore Umano di Gesù Cristo. Le varie vicende che la vita offre, i dolori, le gioie, le difficoltà... non sono «castighi» o punizioni di Dio ma sono mezzi che lo Spirito utilizza per trasformarci e insegnarci l'Amore di Dio; così è la pratica del Vangelo nella nostra vita quotidiana a costituire l'ambito dove essere docili al Fuoco d'Amore e lasciarci trasformare da esso, è nella vita quotidiana che riconosciamo lo «spazio spirituale» dove ricevere dallo Spirito di Cristo «l'essere figli adottivi». Ovviamente questa dimensione può essere solo accolta e vissuta nella fede e non può mai essere imposta. Anche il «grido» dell'uomo che soffre e «urla» a Dio perché si trova sotto il peso di una importante prova, in realtà se vissuto «rivolto» al Signore diventa, guardando e imparando dal Crocifisso, un importante momento di preghiera e di comunione con Gesù Crocifisso. In questo modo la Fiamma d'Amor viva e il Sacrificio della Croce, sono due risvolti di un unico momento. Questa dimensione del Cristianesimo va testimoniata silenziosamente con la vita, mai può essere imposta, nel momento in cui dico: «offri al Signore», può risultare fastidioso e addirittura anticristiano, perché è una dimensione che può essere solo predicata e spiegata nel silenzio della testimonianza di vita.

Culto al Sacro Cuore vuol dire camminare nella fede, vuol dire far parte di quelle anime piccole che portano nel cuore la fatica e il martirio del desiderio di Vedere il «Suo Volto» e di attendere che questa «visione» giunga al compimento della propria vita. Le anime piccole: coloro che sono fedeli e che accettano di «vedere» che Gesù dorme, che accettano con gioia il fatto che Gesù si nasconda e vuole che lo cerchiamo sempre e continuamente. Le anime piccole: coloro che sono sconosciuti agli occhi del mondo e che saranno riconosciuti da Gesù nell'ultimo giorno e per questo accettano di vivere «nascoste».

Il cupo tunnel

Abbiamo già visto l'elemento della solidarietà coi peccatori di Teresina, richiamiamo solo alcuni punti essenziali.

- Il rapporto di Teresina con i peccatori: è quello di madre-figli e la sua è la preghiera, o grido, di una madre verso Gesù. Teresa sa di essere ascoltata, perché Gesù non rifiuta la preghiera di una madre.
- L'elemento «solidale»: il suo «sedersi alla mensa dei peccatori» costituisce uno degli elementi chiave. Teresa diventa solidale con loro come Gesù lo è stato con noi (Teresa compresa), non è a caso che il Manoscritto C si conclude con una preghiera, ovvero, lei fa sua la preghiera sacerdotale di Gesù.
- La preghiera: diventa quindi l'espressione di tutta una vita donata a Cristo e ai figli e diventa anche l'elemento in cui Teresina si fa «grido» per lei e per tutti i suoi figli con i quali è divenuta una cosa sola in Cristo Gesù.

Burla e sofferenza!

A questo punto iniziamo citando un aneddoto della sua vita, poco raccontato dalle biografie.

Santa Teresa compone la pia ricreazione «*Il trionfo dell'umiltà*», dopo aver letto la storia di Miss Diana Vaughan – personaggio fittizio inventato da Leo Taxil – presunta figlia di un americano e di una francese. Uno dei suoi antenati avrebbe fatto un patto con Lucifero. Santa Teresa crede che Diana Vaughan sia reale. I cattolici pregano per la conversione di Miss Vaughan. Il giornale *La Croix* invita a pregare la Venerabile Giovanna d'Arco secondo questa intenzione (8 maggio 1895). Successo insperato: dal 6 giugno Giovanna avrebbe liberato Diana dall'influsso diabolico. La sua «*conversione straordinaria*» viene confermata il 13 giugno. Il 19 aprile 1897 Taxil tiene una conferenza alla Società Geografica dove rivela l'inganno. In questo frangente di tempo, numerose persone avevano scritto a Diana, santa Teresa compresa, e Taxil divide le sue vittime in due categorie: da un lato i creduloni, che hanno peccato d'ingenuità e d'ignoranza; dall'altro «Roma, insinua Taxil, doveva sapere che si trattava di una mistificazione, ma ha pensato di riuscire a pilotarla e a guidarla per attizzare la campagna anti-massonica.»[47]

Merita di essere citata la conclusione del discorso che ci dà lo spessore del personaggio Taxil:

> «Mi ero accusato di un assassinio immaginario nella mia confessione generale al padre gesuita Clamart. Ebbene, mi accuso a voi di un altro delitto. Ho commesso un infanticidio: il Palladismo ora è morto e ben morto; suo padre l'ha assassinato.»[48]

Taxil aveva simulato persino la sua conversione. Un personaggio e una ironia che avranno ripercussioni sulla nostra santa:

> «Senza dubbio. Molti cattolici credono letteralmente alle avventure di Diana Vaughan. Perfino un'anima di raffinata sensibilità spirituale come santa Teresa di Lisieux O.C.D. (1873-1897) chiede alla superiora il permesso di scrivere a Diana Vaughan, lo ottiene, scrive e riceve una risposta. Per la festa della priora, madre Marie de Gonzague O.C.D. (al secolo Marie-Adèle-Rosalie Davy de Virville, 1834-1904), santa Teresa scrive e fa rappresentare alle suore il 21 giugno 1896 una *pièce* teatrale, *Le Trionphe de l'Humilité*, dove i diavoli Belzebù, Lucifero e Asmodeo – che parlano nel linguaggio attribuito agli spiriti infernali del *Diable* – si rammaricano della conversione di Diana Vaughan e sono infine messi in fuga da san Michele. Dopo la conferenza della Società Geografica santa Teresa – secondo gli editori delle sue opere – si sente colpita «come da una frusta»; brucia la lettera ricevuta da «Diana Vaughan», cerca di sopprimere gli accenni a Diana dalle sue opere e si sente sprofondare ancora di più nella spossatezza e nella «notte oscura» che precedono la sua morte, sopravvenuta il 30 novembre 1897. Paradossalmente in questa vicenda si celebra davvero – per santa Teresa – il «trionfo dell'umiltà».»[49]

Il 19 aprile 1897 Taxil tiene una conferenza alla Società Geografica e proprio in quel mese santa Teresa di Lisieux s'ammala di tubercolosi ed entrerà nel suo «tunnel cupo», l'8 luglio dello stesso anno santa Teresa di Lisieux lascia la sua cella per entrare nell'infermeria del monastero. Difficile dire quale

[47] MASSIMO INTROVIGNE, *I satanisti, storia, riti e miti del satanismo*, Sugarci Edizioni, Avazzate (Varese) 2010, pag. 182.

[48] MASSIMO INTROVIGNE, *Ibid*, pag. 182.

[49] MASSIMO INTROVIGNE, *Ibid*, pag. 195-196.

influenza abbia avuto questo fatto nella vita della santa, senz'altro ne ha anticipato la sua passione, lei fa parte di qui piccoli che hanno peccato di creduloneria e d'ingenuità. Santa Teresina si sente derisa e presa in giro. La reazione di Teresa è una reazione depressiva dovuta ad un tradimento e ad un raggiro, come se volesse rimuovere dal suo cuore una situazione, in realtà non può rimuoverla perché l'ha ferita profondamente e le ha fatto male. Una santa è sempre tesa a vedere il bene nelle persone e nelle situazioni perciò la reazione di fronte alla simulazione e all'inganno[50] risulta più dolorosa rispetto a chi è diffidente. Aggiungiamo il contesto particolare che aveva cominciato a vivere, di sofferenza fisica e interiore. È stato un colpo che ha senz'altro accelerato o aggravato una situazione già difficile e complessa in sé.

Ora ci soffermiamo su come Teresina ha vissuto la sofferenza.

> «Questo piccolo fatto della mia infanzia è il riassunto di tutta la mia vita, più avanti quando mi è apparsa la perfezione, ho capito che per diventare *una santa* bisognava soffrire molto, cercare sempre il più perfetto e dimenticare se stessi, ho capito che c'erano molti gradi nella perfezione e che ogni anima era libera di rispondere agli inviti di Nostro Signore, di fare poco o molto per Lui, in una parola di *scegliere* tra i sacrifici che Egli chiede. Allora come nei giorni della mia prima infanzia ho esclamato: «Mio Dio, *scelgo tutto*. Non voglio essere una *santa a metà*, non mi fa paura soffrire per te, non temo che una cosa conservare la mia *volontà*, prendila, perché «*scelgo tutto*» quello che vuoi tu!...».» (Manoscritto A, 37)

È uno dei brani più conosciuti e anche dei più importanti, perché abbiamo il nucleo fondamentale della spiritualità di santa Teresina. La santa chiama «imperfezioni» i suoi peccati, veniali s'intende, e le sue mancanze per giungere alla «perfezione evangelica». Prima della risposta che ciascuno deve dare al Signore, vi sono «i suoi inviti», la sua chiamata fonda la possibilità della nostra risposta che può essere: poco, molto o totale (*il fiat*). Le ragioni della «necessità» della sofferenza, nel pensiero teresiano, sono complesse e non tematizzate. Tentiamo un'interpretazione. Anzitutto abbiamo un duplice binario, da un lato la sofferenza «s'impone» nella vita di Teresa, la morte della madre segna la prima grande entrata della sofferenza nella vita di Teresa, il secondo passaggio sarà la «seconda morte della madre»: il distacco da Paolina che entra al Carmelo. Abbiamo altri

---

[50] Non dimentichiamoci che la presunta «Diana», le aveva scritto e Taxil, ha radicalmente cavalcato la buona fede della nostra santa e l'ha raggirata. Avrebbe potuto evitare di risponderle. Possiamo immaginare, senza fatica e senza troppo tradire con la fantasia i fatti, che Teresina abbia pregato per «Diana», così come aveva pregato tanto per Pranzini e riusciamo a comprendere il dolore e la delusione di fronte alla trappola, svelata dell'ingannatore in maniera plateale.

accadimenti che segnano la sua vita, come la strana malattia. Dall'altro lato abbiamo l'amore per Cristo e quanto più cresce l'amore per Cristo, tanto più cresce il desiderio di conformarsi all'Uomo dei dolori. Crescendo sempre più nell'*unione* con Cristo, abbiamo sempre di più il sovrapporsi dei due binari fino a farli coincidere. Nella sua fase più matura Teresa scoprirà che nella misura in cui partecipiamo alle sofferenze di Cristo, così siamo solidali con i «poveri peccatori», che scoprirà essere suoi figli spirituali.
Teresina non ha solo in mente la sofferenza ascetica, legata essenzialmente al «rinnegare sé stessi» o la sofferenza legata alla lotta contro le passioni dell'anima. In un certo senso, nel dire: «*non temo che una cosa conservare la mia volontà, prendila, perché «scelgo tutto» quello che vuoi tu*» apre alla possibilità di una sofferenza da vivere in modo solidale o che sia legata ad altre prospettive.

> «113. - Il giorno dopo la comunione, mi tornarono in mente le parole di Maria; mi sentii in cuore un *grande desiderio* della *sofferenza* e nello stesso tempo ebbi l'intima certezza che Gesù mi riservava un gran numero di croci, mi sentii inondata di consolazioni così *grandi* che le considero come una delle grazie più *grandi* della mia vita. La sofferenza divenne la mia attrattiva, aveva un fascino che mi incantava pur non conoscendolo bene. Fino allora avevo sofferto senza *amare* la sofferenza, da quel giorno sentii per essa un vero amore. Sentivo anche il desiderio di amare soltanto il Buon Dio, di trovare gioia solo in Lui, spesso durante le mie comunioni, ripetevo queste parole dell'Imitazione: «O Gesù! *dolcezza* ineffabile, cambia per me in *amarezza*, tutte le consolazioni della terra!...». Questa preghiera mi usciva dalle labbra senza sforzo, senza costrizione, mi sembrava di ripeterla, non per mia volontà, ma come una bambina che ripete le parole che una persona amica le ispira...». (Manoscritto A, 113).

Dopo il ricovero di Luigi Martin nella casa di cura a Caen, il Bon Sauver, in seguito ad allucinazioni che hanno preso una forma preoccupante, Teresa vive un grande momento di sofferenza che interpreterà in questo modo:

> «207. Ah! quel giorno non ho detto che avrei potuto soffrire di più!!!... Le parole non possono esprimere le nostre angosce, quindi non cercherò di descriverle. Un giorno in Cielo ci piacerà parlarci delle nostre prove *gloriose,* non siamo già felici per averle sofferte?... Sì i tre anni di martirio del Papà mi sembrano i più amabili, i più fruttuosi di tutta la nostra vita, non li darei per tutte le estasi e le rivelazioni dei Santi; il mio cuore trabocca di riconoscenza pensando a quel *tesoro* inestimabile che deve suscitare una santa gelosia agli Angeli della corte Celeste...
> Il mio desiderio di sofferenze era colmato, tuttavia la mia attrattiva per esse non diminuiva, pertanto la mia anima condivise ben presto le sofferenze del cuore. L'aridità era il mio pane

quotidiano: priva di ogni consolazione ero però la più felice delle creature, perché tutti i miei desideri era soddisfatti...» (Manoscritto A, 207)

Santa Teresa riesce a leggere l'avvenimento doloroso e drammatico della malattia del padre alla luce della Croce di Cristo, per questo può trovare la sua gioia.

«229. - Da quasi tre anni ho la felicità di contemplare le *meraviglie* che Gesù opera per mezzo della mia Madre diletta... Vedo che *solo la sofferenza* fa generare le anime e più che mai queste sublimi parole di Gesù mi svelano la loro profondità: «In verità, in verità vi dico, se il chicco di grano caduto in terra non muore, rimane solo; se invece muore, produce molto frutto». Che messe abbondante lei ha raccolto!... Ha seminato nelle lacrime, ma presto vedrà il frutto delle sue fatiche, tornerà piena di gioia portando covoni tra le mani... O *Madre*, tra questi covoni fioriti, sta nascosto il *fiorellino bianco* ma in Cielo avrà una voce per cantare la *dolcezza* e le *virtù* che le vede praticare ogni giorno nell'ombra e nel silenzio della vita d'esilio.
Sì, da tre anni, ho capito molti misteri fino allora nascosti per me. Il buon Dio mi ha dimostrato la stessa misericordia che dimostrò al re Salomone. Ha voluto che io non avessi neanche un solo desiderio inappagato, non solo i miei desideri di perfezione, ma anche quelli di cui *capivo* la vanità, senza averla sperimentata.» (Manoscritto A, 229)

In questo brano Teresa riconosce il valore pedagogico della sofferenza, di fatto è uno dei risvolti che possiamo ricavare dalla Scrittura, infatti la sofferenza per il credente biblico assume anche questo valore. Teresa tuttavia non riconosce solo il valore pedagogico, ma va oltre, riconosce il valore evangelico del «morire per produrre frutto». Per Teresa il fiorellino bianco è simbolo non solo della purezza, ma della partecipazione alla gloria di Dio; da questo punto di vista il suo riferimento è quindi alla Pasqua di Gesù: per produrre frutto, occorre «morire con Lui per risorgere con Lui», ma soprattutto occorre «donare» la propria vita, dove «donare» ha tutto il valore evangelico e il suo contenuto è quello di donare la vita con amore e per amore, ma soprattutto con quella gioia tipica del sacrificio e del dono di sé.

«[24]In verità, in verità io vi dico: se il chicco di grano, caduto in terra, non muore, rimane solo; se invece muore, produce molto frutto. [25]Chi ama la propria vita, la perde e chi odia la propria vita in questo mondo, la conserverà per la vita eterna.» (Gv 12,24-25)

«Sal **126**

La gioia del ritorno

[1] *Canto delle salite.*
Quando il Signore ristabilì la sorte di Sion,
ci sembrava di sognare.
[2] Allora la nostra bocca si riempì di sorriso,
la nostra lingua di gioia.
Allora si diceva tra le genti:
«Il Signore ha fatto grandi cose per loro».
[3] Grandi cose ha fatto il Signore per noi:
eravamo pieni di gioia.
[4] Ristabilisci, Signore, la nostra sorte,
come i torrenti del Negheb.
[5] Chi semina nelle lacrime
mieterà nella gioia.
[6] Nell'andare, se ne va piangendo,
portando la semente da gettare,
ma nel tornare, viene con gioia,
portando i suoi covoni.»

Teresa elabora due brani della Scrittura, il primo è la ripresa di Gv 12,24-25 dove più propriamente unisce alla morte di Cristo la sua morte che, vedremo nella ripresa sintetica, è un'*unione* che avviene nella fede, in obbedienza alla chiamata di Gesù e realizzata dallo Spirito: la fede in Cristo Morto e Risorto dà un contenuto nuovo alla sua morte. La seconda citazione è quella di un Salmo, il riferimento è ad una preghiera biblica, le sue sofferenze sono vissute in un forte spirito sacerdotale, ricordiamo che nel Manoscritto B Teresa ci informa che sentiva la vocazione al sacerdozio e nella conclusione del Manoscritto C abbiamo una personalizzazione della «preghiera sacerdotale di Gesù». Le sofferenze, grazie al suo vissuto di fede, diventano una «preghiera, una offerta» e la citazione evangelica di Gv 12,24-25 assieme alla preghiera del Salmo ci rivelano il senso e che contenuto abbia dato lei alle sue sofferenze.

Teresa rielabora la tensione escatologica presente nei passi gettando luce sul momento presente e sul suo vissuto nel nascondimento del Carmelo, è un'escatologia che inizia già ora nel momento presente, «nell'ombra e nel silenzio della vita d'esilio», ci vuol dare il valore mistico che ha abitato nel suo cuore e il contenuto delle sue «sofferenze e lacrime». Nella parte conclusiva, Teresa riconosce di aver ricevuto il dono della Sapienza, tuttavia la sua chiave interpretativa risulta quella del riconoscere «che Dio ha usato con lei la stessa Misericordia che ha usato con Salomone». È significativo il fatto che Teresina «conosca la vanità» pur senza essere stata vittima delle sue catene, da questo punto di vita va a confermare che la vera sapienza non consiste nello «sperimentare» come fecero Adamo ed Eva (cfr. Gen 3), ma:

> «Il fondamento (*principio*) della sapienza è il timor di Dio, esso rende assennati tutti quelli che osservano i precetti. La lode del Signore dura in eterno.» (Sal. 111,10)

Per il tempo in cui viveva, questo «riconoscere» di aver ottenuto misericordia è un vero e proprio capovolgimento – ricordiamo che nella consacrazione come vittima alla Giustizia di Dio era completamente assente la parte del «riconoscersi salvati da Cristo». Coerente col suo modo di vivere la gratuità di Dio, riconosce che l'aver ottenuto Misericordia, non è dettato dai suoi meriti ma dall'Amore Misericordioso di Dio: anche da questo punto di vista, Teresina si rivela qui «contro corrente».

«Senza via di scampo»

Prendiamo ora in esame il risvolto soggettivo-spirituale della santa, per quanto concerne la sua malattia e la sua prova della fede.

> «276.Godevo allora di una fede così viva, così chiara, che il pensiero del Cielo era tutta la mia felicità, non riuscivo a credere che ci fossero degli empi che non avevano la fede. Credevo che dicessero cose che non pensavano veramente quando negavano l'esistenza del Cielo, del bel Cielo dove Dio Stesso vorrebbe essere la loro eterna ricompensa. Nei giorni così gioiosi del tempo pasquale, Gesù mi ha fatto sperimentare che ci sono veramente delle anime che non hanno fede, che per l'abuso delle grazie perdono questo tesoro prezioso, sorgente delle sole gioie pure e vere. Permise che la mia anima fosse invasa dalle tenebre più fitte e che il pensiero del Cielo così dolce per me non fosse altro che un motivo di lotta e di tormento... Questa prova non sarebbe durata solo alcuni giorni, alcune settimane: sarebbe svanita solo nell'ora stabilita dal Buon Dio e... quell'ora non è ancora arrivata... Vorrei poter esprimere ciò che sento, ma ahimé, credo che sia impossibile. Bisogna aver viaggiato sotto questo cupo tunnel per capirne l'oscurità. Comunque cercherò di spiegarlo con un paragone.» (Manoscritto C 276)

Teresa fornisce un quadro molto chiaro della sua prova della fede, in secondo luogo alla luce della sapienza che le è stata donata, «sperimenta» sulla sua pelle l'ateismo in tutte le sue terribili forme e conseguenze. La santa ci attesta le ragioni per cui queste persone, a detta sua, sono divenute «atee»: per l'abuso di grazie. Teresina non arriverà ad elaborare teologicamente, come noi abbiamo fatto, la dimensione della solidarietà coi peccatori, tuttavia dall'analisi dei suoi scritti possiamo dedurre che ne aveva coscienza e lo ricaviamo non solo dal brano sopra citato, ma anche dal Manoscritto C in generale. Quando consideriamo la prova della «fede», occorre considerare la conseguente sofferenza causata della «non fede» nel suo cuore, ma anche la sofferenza legata ad un momento delicato come è la malattia che la porterà alla morte.

Occorre precisare che se non è possibile verificare sperimentalmente, dal punto di vista delle scienze umane, il risvolto psicologico della «strana malattia»,[51] lo stesso discorso riguarda anche «la prova della fede». Dagli elementi che abbiamo, solo la teologia ha tutti i criteri per poter verificare la pertinenza o meno dell'esperienza solidale coi peccatori, attestata dai Manoscritti.

«*Permise che la mia anima fosse invasa dalle tenebre più fitte e che il pensiero del Cielo così dolce per me non fosse altro che un motivo di lotta e di tormento...*», se pensiamo a quanto «il pensiero del Cielo» fosse fonte di consolazione, di forza e fosse una memoria costante in Teresina, possiamo intuire quale riverbero abbia avuto in lei la permissione divina delle «tenebre», abbiano trasformato una memoria di consolazione, in un «oggetto» di lotta e tormento. Uno dei sostegni psicologici e soprattutto spirituali, adottati per tutta la vita da Teresina, era venuto meno e vedremo come elaborerà la privazione divina. Teresina ammette l'impossibilità non tanto di esprimerlo ma di capirlo per chi non l'abbia provato ed è molto significativo il nome che darà allo stato in cui vive: «cupo tunnel» e solo chi ha «*viaggiato sotto questo cupo tunnel può capirne l'oscurità*». Ciò che richiama la famosa «notte oscura» dai temi sanjuanisti, ora ha la forma più chiusa, e se vogliamo anche nevrotica, di un cupo tunnel. È tolto ogni elemento romantico e romanzato, come è tolto ogni elemento rosa e positivo alla «notte oscura» divenuta, in Teresina, un «cupo tunnel». Il clima sembra più ossessivo e doloroso, interiormente provante, dove l'equilibrio psicologico-spirituale sembra costantemente minato e minacciato dalla disperazione o da un cupo tunnel che divora e trasforma nelle sue tenebre la luce della fede presente nel suo cuore. Non c'è nulla di bello e di affasciante in questo cupo tunnel oscuro: vedremo che i toni dell'esempio che lei fornirà non alleggeriscono la situazione, ma ne restituiscono tutto il dramma.

> «277. - Immaginiamo che sia nata in un paese circondato da una fitta nebbia, mai ho contemplato l'aspetto ridente della natura, inondata, trasfigurata dal sole brillante; fin dalla mia infanzia è vero, sento parlare di queste meraviglie, so che il paese in cui mi trovo non è la mia patria, che ce n'è un altro verso il quale devo aspirare incessantemente. Non è una storia inventata da un abitante del triste paese in cui mi trovo, è una realtà certa perché il Re della

[51] Tutti i tentativi e le diagnosi psicologiche su Teresina sono prive di un fondamento scientifico.

patria del sole brillante è venuto a vivere 33 anni nel paese delle tenebre: ahimé! le tenebre non hanno affatto capito che questo Re Divino era la luce del mondo... Ma Signore, tua figlia l'ha capita la tua luce divina, ti chiede perdono per i suoi fratelli, accetta di mangiare per quanto tempo vorrai il pane del dolore e non vuole affatto alzarsi da questa tavola piena di amarezza alla quale mangiano i poveri peccatori prima del giorno che hai stabilito... Così ella può dire a nome suo, a nome dei suoi fratelli: Abbi pietà di noi Signore, perché siamo poveri peccatori!... Oh! Signore, rimandaci giustificati... Che tutti coloro che non sono affatto illuminati dalla luminosa fiaccola della Fede la vedano finalmente brillare... O Gesù se è necessario che la tavola insudiciata da essi sia purificata da un'anima che ti ama, accetto di mangiarvi da sola il pane della prova fino a quando ti piaccia introdurmi nel tuo regno luminoso. La sola grazia che ti domando è di non offenderti mai!» (Manoscritto C 277)

Teresa descrive la «patria terrena» con termini di pellegrinaggio e adotta il simbolo di un paese sempre circondato dalla nebbia. Il simbolo comprende altri abitanti, non solo Teresina quindi, dove loro stessi si sono abituati al contesto nebbioso, come chi può vivere in un ambiente di questo tipo non riesce ad immaginare ci possano essere realtà diverse. In seconda battuta parla dell'Incarnazione e del rifiuto: possiamo riconoscere i toni giovannei (cfr. Gv 1,1-18) dove viene descritto sia il rifiuto da parte «dei suoi» sia l'aspetto positivo di chi ha accolto il Verbo. Muovendosi in questa prospettiva, Teresina annulla la distinzione tra quanti hanno accolto e quanti non hanno accolto e chiamando «fratelli» coloro che non hanno accolto si mette totalmente dalla loro parte, ricordando al Signore che lei ha accolto la Luce del mondo, e chiede perdono con una preghiera bellissima, fa sua praticamente la preghiera del pubblicano (cfr. Lc 18,9-14) e la citazione implicita della parabola termina con chiedere a Gesù di rimandarli a casa giustificati. Teresina quindi fa corpo, diventa solidale con chi non ha accolto la Luce e tuttavia fa forza proprio sull'Amore Misericordioso di Dio adottando la prospettiva evangelica.

Ciò che costituisce l'elemento di purificazione è «*l'amore di un'anima che ti ama*». Teresa «*accetta di mangiare da sola il pane della prova fino a quando non sarà introdotta nel Suo regno luminoso*», ella comprende che il Signore la farà stare in questo stato fino al giorno della sua morte, dove sarà l'estasi finale a condurla nel Regno Luminoso da lei tanto sospirato, quindi il suo risulta un «fiat» alla volontà di Cristo. Non quindi la gioia e la consolazione delle «visioni» e dei favori soprannaturali, ma la solidarietà con chi «non ha fede» e Gesù le chiede appunto di vivere l'abbandono della fede senza averne il conforto e di mettere il suo amore proprio in una situazione particolare come quella che sta vivendo. La dimensione sacrificale è sottointesa e il riferimento alla sofferenza risulta molto sobrio. Possiamo intravedere tra le righe il suo dolore interiore e possiamo desumere dalla malattia e dalla descrizione che ne verrà fatta dai testimoni l'escalation di sofferenza fisica tipica della tubercolosi e tuttavia nelle pagine del Manoscritto C, domina il tono d'amore che Teresina ha per Gesù e come vive in un dono totale d'amore il momento crudo e drammatico in cui si trova coinvolta.

> «Quando voglio far riposare il mio cuore stanco delle tenebre che lo circondano ricordando il paese luminoso verso il quale aspiro, il mio tormento raddoppia, mi sembra che le tenebre prendano la voce dei peccatori e mi dicano prendendomi in giro: - Tu sogni la luce, una patria impregnata dai più soavi profumi, sogni il possesso *eterno* del Creatore di tutte queste meraviglie, credi uscire un giorno dalle nebbie che ti circondano, vai avanti, vai avanti, rallegrati della morte che ti darà non ciò che speri, ma una notte ancora più profonda, la notte del nulla.
>
> Madre amata, l'immagine che ho voluto darle delle tenebre che oscurano la mia anima è tanto imperfetta quanto un abbozzo paragonato al modello, tuttavia non voglio andare avanti a scrivere, temerei di bestemmiare... ho paura di aver già detto troppo.» (Manoscritto C 278)

A scanso di equivoci, santa Teresina nel rendere il più possibile ragione delle tenebre in cui è immersa, toglie ogni aspetto non solo romantico «delle tenebre che oscurano», ma anche di attrattiva alla loro oscurità, non so in quanti dopo aver letto questi paragrafi che ci descrivono la consistenza delle sue «tenebre oscure» vorrebbero davvero attraversare il «cupo tunnel oscuro». Notiamo un'altra scelta di Teresina: non utilizza il temine «Notte Oscura» che avrebbe avuto richiami molto precisi e vivi nel panorama spirituale, ma come è già sua abitudine, riprende simboli ed elementi tradizionali e li reinterpreta aggiungendo o togliendo elementi in base alla sua esperienza mistica. Alla parola «oscura» viene associata la parola «tenebre» e a queste «tenebre» vengono legate voci di scherno, ci domandiamo: scherno da parte di chi?[52] Non ci viene specificato come al termine del paragrafo dice che, per quanto terribili ci possano sembrare le tenebre oscure descritte, non rispecchiano la realtà di ciò che sta vivendo e rincalza la dose, perché il suo timore è che arrivi addirittura alla bestemmia. Tuttavia, una consolazione spirituale poteva veramente esserle di grande incoraggiamento e aggiungiamo che se non poteva vedere «il Volto splendido» di Cristo, almeno avrebbe potuto vedere anche solo per un momento la «luce increata» possibile a vedersi in questa vita: ciò le avrebbe dato grande sollievo e forza, ma questo aiuto avrebbe tolto l'elemento di

[52] È forse un riferimento implicito alla vicenda di Leo Taxil? Sicuramente possiamo vedere in queste voci di scherno un carattere squisitamente psicologico, anche se non è possibile escludere a priori che in questo aspetto psicologico possa esservi inserita anche la tentazione da parte del Diavolo.

totale solidarietà con chi «non ha fede» e non riceve questi aiuti soprannaturali, ma non solo, non sarebbe stata solidale con i tanti piccoli della storia, piccoli che non sono aiutati da questi conforti soprannaturali.

Veniamo ora al contenuto delle «voci»: «*Tu sogni la luce, una patria impregnata dai più soavi profumi, sogni il possesso eterno del Creatore di tutte queste meraviglie, credi uscire un giorno dalle nebbie che ti circondano, vai avanti, vai avanti, rallegrati della morte che ti darà non ciò che speri, ma una notte ancora più profonda, la notte del nulla.*». Facile leggere in chiave psicologica queste righe, ma non abbiamo elementi per valutare la pertinenza o meno di una possibile patologia, né tantomeno di un inconscio che affiora; dall'altro lato non abbiamo neppure indizi o elementi che ci dicano che siano i demoni a tentarla in questo senso. Quale possibile interpretazione? Siamo nel campo delle ipotesi ovviamente. Qualche indizio di queste tenebre lo abbiamo anche in alcune poesie e scritti vari di Teresina, un esempio da me citato tantissimo è la P23 «*Al Sacro Cuore di Gesù*» dove alla strofa 5 Teresina afferma: «*Se pur non vedo il tuo Volto splendido*», quindi già lì in un certo senso Teresina aveva il sentore di cosa la chiamava a vivere il Signore. Ella afferma che il Signore «*Permise che la mia anima fosse invasa dalle tenebre più fitte*»: ciò ha avuto, come emerge dagli scritti, un normale riverbero psicologico, ma sono state anche «la porta» che i demoni hanno utilizzato per tentarla. Dagli scritti emerge molto chiaramente che il fine della tentazione era quello di portarla alla mancanza di fede e di speranza e alla disperazione.

La frase «delle voci» oltre a confermare il tentativo di portarla alla mancanza di fede e di speranza, nonché alla disperazione, nasconde l'insidia e la tentazione di farle vedere come inutile il sacrificio della sua vita, ovvero: l'inutilità della sua vita consacrata al Carmelo nella solitudine, nel silenzio, nel nascondimento e nell'abbandono per amore di Cristo. La tentazione aveva anche l'obbiettivo di portarla alla logica del «do ut des», logica abbandonata radicalmente da Teresina. Infatti, se il suo sacrificio fosse inutile, e mettiamoci anche che era molto giovane e ha donato tutta la sua giovinezza a Gesù, la domanda: allora io che cosa ho guadagnato? Per certi aspetti è pertinente. Tuttavia, per Teresina, porsi questa domanda voleva dire smentire, o ritrattare, tutta la sua scoperta circa la «gioia nel donarsi» e verrebbe parzialmente ridimensionato il suo «atto d'offerta».

Nella tentazione di Teresina, la «morte» è vista non come poi si rivelerà, cioè l'estasi finale che la porterà a contemplare eternamente il Volto di Cristo Gesù, ma come «l'eterna notte del nulla», nemmeno l'estesi del male, ma l'estasi del più completo e profondo nichilismo, «eterna notte del nulla» che mina e tenta di nullificare e smentire non solo l'offerta di una giovane vita che a Gesù ha donato tutto, ma il suo amore che ha conservato per lui solo.

«279. - Ah! che Gesù mi perdoni se gli ho dato dispiacere, ma Lui sa bene che pur non avendo il godimento della Fede, mi sforzo almeno di compierne le opere. Credo di aver fatto più atti di fede da un anno che non durante tutta la mia vita. Ad ogni nuova occasione di lotta, quando i miei nemici vengono a sfidarmi, mi comporto da coraggiosa, sapendo che è viltà battersi in duello, volto le spalle ai miei avversari senza degnarli di uno sguardo, ma corro verso il mio Gesù, Gli dico che sono pronta a versare fino all'ultima goccia del mio sangue per testimoniare che esiste un Cielo. Gli dico che sono felice di non godere quel bel Cielo sulla terra affinché Egli lo apra per l'eternità ai poveri increduli. Così nonostante questa prova che mi toglie *ogni godimento* posso però esclamare: - «Signore tu mi colmi di *gioia* con *tutto* quello che fai» [Salmo XCI]. Perché, c'è forse una *gioia* più grande di quella di soffrire per tuo amore?... Più la sofferenza è intima, meno appare agli occhi delle creature, più ti rallegra, o mio Dio; ma se per assurdo tu stesso dovessi ignorare la mia sofferenza, sarei felice lo stesso di possederla se per suo mezzo potessi impedire o riparare una sola colpa commessa contro la Fede.» (Manoscritto C 279)

Siamo al punto nevralgico della concezione della sofferenza in santa Teresa di Gesù Bambino e del Volto Santo. Anzitutto Teresina precisa che è priva «del godimento» della fede, non dei suoi atti, che anzi, ne ha compiuti più ora di prima, e rimane totalmente orientata verso Gesù. Ora cambia il registro e chiama «quelle voci, nuova lotta» e ci dice il segreto della sua vittoria che è rifugiarsi in Gesù e confermando il suo «fiat» al Signore: «*sono pronta a versare fino all'ultima goccia del mio sangue per testimoniare che esiste un Cielo*», nonostante il suo terribile momento Teresa conferma e radicalizza il suo abbandono al Signore Gesù. Sulla linea della conferma, Teresa sa molto bene qual è la posta in gioco e non a caso si pone sul piano della testimonianza, non tanto per un'illusione religiosa, che sappiamo col tempo in queste condizioni crolla nella disperazione, ma perché vive un'esperienza mistica profonda con Gesù Crocifisso e «abbandonato dal Padre». Teresina rimane la santa della gioia cristiana: «*c'è forse una gioia più grande di quella di soffrire per tuo amore?*» e possiamo anche rigirarla: «c'è sofferenza del cuore più grande di quella di soffrire per amore?».

«[12]Questo è il mio comandamento: che vi amiate gli uni gli altri come io ho amato voi. [13]Nessuno ha un amore più grande di questo: dare la sua vita per i propri amici.» (Gv 15,12-13).

Teresa rimane nel comandamento dell'amore e ha «riempito» la sua sofferenza, il suo «cupo tunnel oscuro» e le sue «tenebre oscure» dell'amore che ha per Cristo e così si rivela pienamente in linea con l'Offerta stessa di Cristo che ha riempito del Suo Amore il «no» degli uomini. Ora comprendiamo cosa voleva dire all'inizio santa Teresina:

> «O Gesù se è necessario che la tavola insudiciata da essi sia purificata da un'anima che ti ama, accetto di mangiarvi da sola il pane della prova fino a quando ti piaccia introdurmi nel tuo regno luminoso.» (Manoscritto C 277)»

Ma in queste righe possiamo riconoscere un altro passo evangelico:

> «Io vi dico che da ora non berrò più di questo frutto della vite fino al giorno in cui lo berrò nuovo con voi nel regno del Padre mio» (Mt 26,29)

Nel cuore di Teresina, la Parola di Dio abbonda e diventa la sua «luce», la «via» che la sta aiutando a riempire delle virtù teologali il momento drammatico che sta vivendo e sono proprio le virtù teologali a costituire l'elemento «riparativo» dell'abuso di grazie dei suoi fratelli che non hanno fede. La parola «Fede» è sempre citata con la lettera maiuscola, quindi riveste un'importanza capitale in questo momento molto particolare: il riconoscimento di essere sostenuta proprio dalla grazia di Dio.

> «286. Mi rendo conto che non avrei alcuna delusione, perché quando ci si aspetta una sofferenza nuda e cruda, la minima gioia diventa una sorpresa insperata, e poi lei lo sa, Madre, la sofferenza stessa diventa la più grande delle gioie quando la si ricerca come il tesoro più prezioso.
> Oh no! non è con l'intenzione di godere il frutto delle mie fatiche che vorrei partire: se fosse quello il mio obiettivo non sentirei questa dolce pace che mi inonda e soffrirei anche di non poter realizzare la mia vocazione per le missioni lontane.» (Manoscritto C 286)

Nella prima parte Teresina ci fa comprendere che in una situazione di sofferenza «nuda e cruda» s'impara ad apprezzare anche la più piccola gioia, in seconda battuta il cercare la sofferenza come il tesoro più prezioso è possibile solo nella logica che lei sta vivendo del dono totale di sé a Gesù Cristo, un dono contrassegnato dall'amore. Teresina sembra voler togliere ogni elemento romantico, infatti con la sottolineatura «sofferenza nuda e cruda», Teresa descrive in modo efficace il suo stato di dolore fisico e spirituale. Tuttavia, ci fornisce alcune condizioni tali per cui la sofferenza possa essere fruttuosa e far sì di poter apprezzare le piccole gioie e vincere il senso di frustrazione per un progetto mancato: l'accettazione e la gratuità; nel caso della gratuità abbiamo visto che Teresa intende riempire dell'amore di Cristo lo stato di sofferenza in cui si trova immersa. Interessante è la seconda parte del brano:

> «Da molto tempo io non mi appartengo più, mi sono abbandonata totalmente a Gesù, quindi Egli è libero di fare di me ciò che gli piacerà. Mi ha dato l'attrattiva per l'esilio completo, mi ha fatto *capire tutte* le *sofferenze* che vi avrei incontrato, chiedendomi se volevo bere questo calice fino alla feccia; subito ho voluto afferrare questa coppa che Gesù mi presentava, ma Lui, ritirando la mano, mi fece capire che l'accettazione Lo accontentava.» (Manoscritto C 286)

Teresa dice «che Gesù le ha fatto capire», quindi dobbiamo supporre che abbia capito che Gesù le stava chiedendo di «bere il calice della sofferenza» ed è interessante la conclusione:

> «mi fece capire che l'accettazione Lo accontentava»

Dove col tempo capirà che l'intenzione dell'accettazione valeva come «bere al calice».
Santa Teresina, quindi, era ben cosciente, almeno nell'intuizione, di ciò che il Signore le stava per «donare» e s'abbandona alla sua volontà.

> «Mio Dio, *scelgo tutto*. Non voglio essere una *santa a metà*, non mi fa paura soffrire per te, non temo che una cosa conservare la mia *volontà*, prendila, perché «*scelgo tutto*» quello che vuoi tu!...». (Manoscritto A, 37)

Non possiamo non pensare che per lei il fatto narrato non abbia giocato un ruolo fondamentale. Qui Teresina aveva circa 5 anni, è vero che non possiamo pensare, anche se non escludere, che Teresina abbia avuto qui la «comprensione-visione» del calice della sofferenza, tuttavia nel racconto Teresiano alla luce di come poi s'è sviluppata la sua vocazione, questo punto risulta strategico, perché già da qui abbiamo la disposizione di accettare il calice della sofferenza, qualunque esso sia e per quanto terribile sia. Risulta importante la precisazione finale che mostra chiaramente che santa Teresina viveva come priorità l'abbandono alla volontà di Gesù: «*scelgo tutto*» quello che vuoi tu!...». Nel suo Getsemani Teresina fa sua la preghiera di Gesù: «*Però non come voglio io, ma come vuoi tu*» (Mt 26,39).

Ripresa sintetica

Perfezione e non-perfezione.

Per iniziare riprendiamo criticamente le conclusioni di don Giovanni Moioli, per poi ricavare la nostra ripresa sintetica.

17-21 maggio 1885: Teresa vive il ritiro della prima comunione e da lì incomincia ad affiorare la malattia degli scrupoli e vive anche l'angoscia di essere in peccato mortale. La sua malattia spirituale arriverà fino ai primi mesi del 1893:

> «Le motivazioni esplicite di questo timore non sono tanto nella direzione di dover difendere la consapevolezza di essere santa. Esse stanno piuttosto simultaneamente nella percezione acuta che il peccato mortale è la negazione dell'amore per Dio, per Gesù (non *amare* veramente Dio; non *poter* più amare veramente Dio; *essere respinta* da Dio); e nella difficoltà a raggiungere la propria «verità» nel giudizio della coscienza.»[53]

Sarà P. Prou ad aiutare santa Teresina:

> «Ma aiutare Teresa a giudicare obiettivamente, senza maggiorazioni indebite, il proprio vissuto, non significava e non ha di fatto significato per nulla che essa non percepisse più né la possibilità del peccato mortale, né la propria attualità peccatrice. Questa consapevolezza non è stata tolta di fatto, e non è stata perduta da Teresa di Lisieux: è stata piuttosto da lei conglobata in una visione molto seria e personale della «imperfezione», dove le colpe («*fautes*»), se non sono più «peccati mortali», bastano nondimeno a giustificare la permanenza di un bisogno non generico ma puntuale di perdono; e di una contrizione-conversione, essa pure relativa e a partire da concreti punti di applicazione.»[54]

Moioli poi descrive il processo: le imperfezioni diventeranno l'indice o la verifica, se non l'inventario, di una «imperfezione», che non è solo lo stato di «non-perfezione», ma denota l'impotenza a raggiungere la perfezione. Questo stato denota un'«impotenza» o «debolezza» umana, non è un semplice «limite»: per Teresa la «perfezione» o «santità», resta la verità

---

[53] GIOVANNI MOIOLI, *L'esperienza cristiana di Teresa di Lisieux*, Libreria Editrice Glossa, Milano 1988, pag. 150.

[54] GIOVANNI MOIOLI, *Ibid*, pag. 150-151.

fondamentale dell'uomo. L'antinomia posta dall'imperfezione fa apparire in prima battuta la perfezione-santità come una «necessità impossibile», la soluzione viene dall'iniziativa misericordiosa a cui ci si deve affidare, iniziativa che non teme di «discendere» per sollevare fino a sé.[55]

> «Se di fronte *alle* «imperfezioni» il senso dell'Amore misericordioso sostiene e giustifica il pentimento, la confessione, la conversione; di fronte *alla* «imperfezione», particolarmente esso conduce a scoprire il valore dell'«essere piccoli». «Piccolo» infatti sarà finalmente, per Teresa, sinonimo di colui che non «può» crescere e, in un certo senso, deve rinunciare a «crescere»: se «crescita» significa il rifiuto di essere la «non-perfezione» e quindi comporta la non-accettazione di riferire continuamente questa situazione «imperfetta» all'iniziativa risolutiva dell'Amore misericordioso.
> [...] In concreto, pertanto, l'itinerario della pacificazione profonda si compirà quando il mistero di Dio sarà decisamente e vitalmente colto come mistero dell'Amore misericordioso: il quale, in sé, è veramente ed assolutamente tale per tutti i peccatori: ed è assolutamente capace di «bruciare» e purificare tutte le dimensioni del peccato e dell'imperfezione.»[56]

Un' ultima citazione di Moioli:

> «In quel «noi», detto con la convinzione di chi percepisce una «verità», vive una dimensione insospettata dell'imperfezione-debolezza-fragilità, sotto il modo della tentazione radicale, della spinta al limite verso il rifiuto della fede; e, simultaneamente, il nuovo volto dell'angoscia di Teresa di fronte al peccato mortale. Nuovo, perché ora la divisione interiore ha evidentemente una struttura tutta diversa: quella della coesistenza del rifiuto chiaro e fermo del peccato della incredulità, e del «realizzare» -nondimeno- la situazione del peccatore. Non solo: perché l'angoscia radicale, quella del non-senso della fede e quindi di una esistenza gettata interamente sulla fede, è ora vissuta nell'abbandono non solo al volere ma alla *misericordia* dell'Amore divino; ed in coesistenza con un senso talmente vivo e intenso della carità, della sua forza unificante ed espansiva, da far porre l'interrogativo di come l'una e l'altra cosa potessero sintetizzarsi nella medesima esperienza.»[57]

---

[55] Cfr. GIOVANNI MOIOLI, *L'esperienza cristiana di Teresa di Lisieux*, Libreria Editrice Glossa, Milano 1988, pag. 152-153.

[56] GIOVANNI MOIOLI, *Ibid*, pag. 154-155.

[57] GIOVANNI MOIOLI, *Ibid*, pag. 161.

A questo proposito una visione molto chiara ci deriva da Padre Maria Eugenio di Gesù Bambino, il quale ci permetterà di trarre alcune importanti luci sull'esperienza mistica di santa Teresina:

> «La tentazione contro la fede non è, dunque, incompatibile con una fede consolidata o anche con un'esperienza mistica elevata. Ci sembra importante sottolineare che essa è una prova destinata a fortificare una fede iniziale, a purificare una fede già consolidata o anche a stimolare in una fede viva molto alta la sofferenza redentrice che meriterà ad altri la luce per camminare nella via della salvezza.
> ... Questa descrizione di santa Teresa di Gesù Bambino mostra una tentazione fatta di oscurità e di tormento continuo, la cui violenza provoca un'adesione sempre più ferma e salda alla verità, e scopre il carattere redentivo di una simile prova. La perfezione della fede non è, dunque, proporzionata alla pace che l'accompagna. Una fede fortissima e purissima può conoscere grandi tempeste. Questo è vero in tutte le tappe dello sviluppo della vita spirituale. La certezza è data unicamente dalla fermezza dell'adesione alla verità, certa ma oscura. Ci è parso necessario sottolinearlo.»[58]

In santa Teresa di Lisieux possiamo dire che ad un certo punto della sua vita spirituale, più o meno quando comincia ad ammalarsi di tbc e con la vicenda di Leo Taxil, vive la sua «prova della fede». Teresa comprenderà, alla luce del Vangelo, che il Signore la chiama a «sedersi alla tavola coi peccatori» per condividerne lo stato. In lei coabitano sia il «Sì! credo» sia il «No! non credo»: a livello psicologico e cosciente prevale come «stato» il «No! non credo»; ma la sua volontà era ancorata al «Sì, Credo!», non nella forma del volontarismo, ma della fede eroica, nella coscienza continua ad abitare la Trinità che la sostiene con la sua grazia, anche se in maniera oscura.
Non è a caso che questo «stato» inizi con la tbc: la malattia fisica non fa altro che creare, con i suoi risvolti di sofferenza fisica e psicologica, un contesto dove venga favorito lo «stato di disperazione»; nel racconto di Padre Maria Eugenio della morte di Teresina ne abbiamo una prova più lampante.

> «Teresa aveva chiesto la morte di Gesù in croce e l'ha ottenuta. È vero, si legge in san Giovanni della Croce che la morte del giusto è la morte d'amore che fa uscire l'anima soavemente. Non è questa la morte che ha avuto. Un giorno visitavo il Carmelo di Lisieux accompagnato dalla madre Francesca Teresa. Passando nell'ala antica del monastero, questa mi disse: «Ecco la

[58] PADRE MARIA EUGENIO DI GESÙ BAMBINO, *Voglio vedere Dio*, Libreria Editrice Vaticana, Città del Vatican 2009, pag. 555-557

statua del Sacro Cuore davanti alla quale la madre Agnese è venuta a pregare il pomeriggio del 30 settembre». Io dissi: «Come? Che cosa? Non si è mai parlato di questo».
La madre allora riprese: «Sì il pomeriggio del 30 settembre, la tentazione contro la fede si era fatta talmente intensa che Teresa era nella notte. Qualche ora prima della morte, il sudore imperlava la sua fronte, si agitava nel letto, chiedeva che la si aspergesse con l'acqua benedetta e diceva: "Come bisogna pregare per gli agonizzanti!". Insomma, si trovava apparentemente in uno stato quasi di disperazione. A quel punto la madre Agnese, vedendo sua sorella in quelle condizioni si sentì sconcertata. Sapeva bene che Teresa era una santa, ma infine, una santa che muore in questo modo... questa assomiglia piuttosto alla morte di un peccatore. Allora è andata a pregare davanti a questa statua del Sacro Cuore a lei molto cara. Ha supplicato: "Oh! Sacro Cuore, ti prego, fa' che la mia sorellina non muoia nella disperazione". Questo piccolo episodio rivelatore ci parla tanto quanto l'estasi dell'ultimo momento.
Teresa d'altronde l'aveva predetto: «Non vi meravigliate: è la morte di Gesù in croce che ho chiesto», quella di Gesù che dice «Padre perché mi hai abbandonato». Di conseguenza soffrirà così fino all'ultimo momento, ed il suo ultimo atto di amore sarà nella notte, una notte più profonda in cui vi sono le tentazioni del demonio, dove sembra che tutto l'inferno si riunisca introno al suo letto. Ecco santa Teresa di Gesù Bambino.
Questa è la grazia che Dio le dona all'ultimo momento, per rendere perfetto il suo amore. Sappiamo bene che l'ultimo atto d'amore che facciamo ci stabilisce nella Trinità, e fissa allo stesso tempo il grado della nostra visione in cielo. Dio, in quel momento, permette l'azione del demonio perché questo atto d'amore sia più perfetto, più potente per così dire. In Teresa allora, abbiamo lo sguardo d'amore, con le sue ultime parole: «Mio Dio, ti amo», dopo di che – ha un'estasi e – muore.»[59]

Per quanto dolorosa possa essere stata la tbc, il suo effetto in Teresina è stato ancor più devastante perché in lei convivevano, nella modalità già descritte, i due stati del «Sì» e del «No», in una lotta feroce. Possiamo dire che santa Teresina «era con Cristo discesa agli inferi», dove la sua condizione psicologica, spirituale e di coscienza era di «non-pace». Questo elemento non possiamo affatto dimenticarlo e metterlo in secondo piano, per cui o una persona era sostenuta dalla grazia di Dio, oppure lei stessa non sarebbe riuscita a sostenere una prova di questo tipo. Possiamo anche vedere, come già detto, l'azione della tentazione del demonio, è evidente che il contesto complessivo crea un'ampia gamma di tentazioni che avevano il fine di portarla alla disperazione, di farla desistere dal suo «Sì».

[59] Padre Maria Eugenio di Gesù Bambino, *Il tuo amore è cresciuto con me*, Edizioni OCD, Roma, 2004, pag. 57-58.

Padre Maria Eugenio ci informa di un'altra tentazione, spesso troppo sottovalutata da ogni buon commentatore di santa Teresina.

> «Ascoltiamo santa Teresa di Gesù Bambino alla fine della sua vita, quando era giunta all'unione di volontà:
>
> > Madre mia -diceva- se fossi infedele, se commettessi solamente la minima infedeltà, sento che la pagherei con terribili turbamenti, e non potrei più accettare la morte.
>
> Giustamente ci si stupisce di questa confessione sulla bocca dell'apostola della fiducia e della misericordia, che aveva scritto che le più gravi colpe non avrebbero potuto bloccare la sua fiducia filiale verso Dio:
>
> > Di che infedeltà intende parlare? le si domandò – Di un pensiero di orgoglio alimentato volontariamente, rispose. Se per esempio mi dicessi: ho acquisito tale virtù, sono certa di poterla praticare. In tal caso ciò sarebbe appoggiarsi sulle proprie forze e quando si arriva a questo punto si rischia di cadere nell'abisso... Se io dicessi: o mio Dio, tu lo sai bene, ti amo troppo per soffermarmi su un pensiero contro la fede, le mie tentazioni diventerebbero più violente e vi soccomberei sicuramente.»[60]

Non si tratta affatto di pulci. Teresina, è cosciente di essere sostenuta dalla grazia di Dio e l'unico modo per superare il suo «cupo tunnel» è quello di vivere nella povertà spirituale e nell'abbandono più totale a Dio. Lei è altrettanto cosciente che queste tentazioni contro la superbia, non sono altro che lo «spiraglio» utilizzato dal demonio per radicarla, con un atto di superbia, nel «No». Abbiamo conferma che la via dell'umiltà è questione di salvezza. Non dimentichiamoci che siamo in una situazione limite, di costante tensione, senza pace nel cuore e con la morte che incombe su Teresina; in situazioni di questo tipo si ragiona in termini di sopravvivenza e il più piccolo ostacolo può costare non tanto il conforto che non c'è a livello cosciente, ma la sopravvivenza. È su questo piano ermeneutico che va collocato il dialogo riportato da padre Maria Eugenio, altrimenti rischieremmo di portarlo su un criterio di perfezione morale, sfiorando il narcisismo spirituale, tradendo così lo spirito teresiano.

---

[60] PADRE MARIA EUGENIO DI GESÙ BAMBINO, *Ibid*, pag. 425-426.

Il momento complesso che vive Teresa e che sinteticamente mettiamo sotto la denominazione «prova della fede»[61], non è altro che il «sedersi di Teresa alla mensa dei peccatori». Il «sedersi di Teresa alla mensa dei peccatori», non porta un giovamento solo per loro, ma abbiamo in lei la piena realizzazione della sua salvezza[62], dove tanto più forte è il «No! Non credo» tanto più fermo e deciso in lei è il «Sì! credo» e la sua fede viene purificata e la carità soprannaturale che è in lei cresce grazie al suo esercizio di fede, la purifica da tutte le «imperfezioni».

Un altro elemento che vediamo crescere in lei è la sua maternità spirituale. Nella misura in cui cresce in lei la magnanimità spirituale, proprio per via dell'elemento solidale coi peccatori di cui condivide il «No! Non credo» a livello psicologico e intellettivo, va a realizzarsi sempre di più l'unione con Cristo. Importante, da questo punto di vista, è la pazienza con cui Teresina vive il momento drammatico della sua «passione» e l'amore che mette nella sua preghiera d'intercessione per i «peccatori» suoi «fratelli e figli», infatti in lei non domina il giudizio negativo su di loro ma l'elemento materno: lei prega il Signore per ottenere da lui perdono e misericordia per loro, così come lei ha ottenuto misericordia e perdono dal Signore Gesù Cristo.

La malattia è importante perché «rivela» la grandezza di cuore di Teresina, il suo «essere». Non dimentichiamoci che nella malattia la tendenza dell'uomo è quella di fare del suo dolore il centro dell'universo e tanto più la malattia è grande tanto più ci «sentiamo in diritto» di rivendicare un'attenzione e cura anche a scapito degli altri. Se alla malattia aggiungiamo le tentazioni contro la fede, le quali avrebbero potuto essere l'alibi maggiore per Teresina circa il suo essere al centro dell'attenzione a scapito di altre situazioni, oggettivamente secondarie, l'atteggiamento rivendicativo avrebbe potuto trovare "solide giustificazioni". La tbc in Teresina ha un effetto dirompente e nella malattia Teresina si rivela avere un'attenzione e una cura sia verso i suoi «figli e fratelli» sia verso le sue consorelle, infatti dalle testimonianze che abbiamo di lei al processo, emerge una Teresina molto attenta alle sue consorelle, molto amorevole e comprensiva, non affatto egoista e questo ha colpito profondamente la sua comunità. Se così non fosse stato avremmo potuto mettere in dubbio anche l'elemento di «preghiera per i fratelli-figli» in quanto l'assenza di un atteggiamento allocentrico, avrebbe potuto avvallare l'ipotesi di una sorta di illusione mentale creata da santa Teresa per superare e vivere il suo momento particolarmente provante.

Ciò che risulta centrale e decisivo, nell'esperienza mistica di Teresina, è la sua *unione* profonda con Cristo che avviene per mezzo della fede, grazie a cui lei vive la «solidarietà coi peccatori». Il suo

[61] In questa «prova della fede» inglobiamo anche la sua malattia fisica.

[62] Salvezza interpretata in modo biblico e patristico, cioè di piena *unione* con Cristo.

rapporto di fede è con la Sacra Umanità di Gesù e lo chiamerà sempre «Gesù», rivelando così una confidenza e una intimità molto profonda. Che questa intimità sia reale e avvenga nella fede, ne abbiamo una chiara idea nel momento della sua «passione», dove ci viene mostrata la grandezza di Teresina, prima della sua «passione» il sospetto che potesse essere solo il frutto di condizioni psicologiche o addirittura illusorie non era giustificato, ma certo lecito considerarlo.

La discesa agli Inferi.

Per quanto riguarda la malattia e la prova, esse di per sé stesse mostrano il «non senso della vita», la «negazione della vita stessa»:

> «[24]Ma per l'invidia del diavolo la morte è entrata nel mondo
> e ne fanno esperienza coloro che le appartengono.». (Sap 2,24)

La malattia era aggravata da due fattori di non poca importanza: la scelta della comunità di non dare a Teresina medicinali palliativi e la prova della fede, quel «No! Non credo» che di fatto la porrà nel «sperimentare la morte», lo stato di lontananza da Dio: l'esperienza degli inferi, forse possiamo osare dire, l'esperienza dello «stato dannato». Molti santi hanno visto l'inferno e molti, per qualche momento, ne hanno provato anche le pene a livello di fenomeni straordinari, Teresina oserei dire è forse una delle poche che nella fede ne condivide lo stato, anche se non sappiamo fino a che punto ne fosse cosciente. Tuttavia, questo stato seppur doloroso e terribile, che addirittura può sfociare nella disperazione[63], è tanto terribile in Teresa perché si va a scontrare col «Sì! credo» della santa stessa. È la lotta fra i due stati, che misteriosamente Teresa porta in sé, a costituire l'elemento di purificazione della fede stessa, in quanto fuoriesce dallo stato di necessità contraddistinto dal do ut des e sostituito dal dono totale di sé in Cristo.

Cosa costituisce l'elemento di purificazione? Teresa è chiamata a «purificare» la «mensa insudiciata dalla non fede» mettendo «la *vita di Cristo*» che in lei abita grazie allo sviluppo delle tre virtù teologali, là dove la vita stessa è negata. Teresa dice precisamente:

> «O Gesù se è necessario che la tavola insudiciata da essi sia purificata da un'anima che ti ama» (Manoscritto C 277)

---

[63] Sappiamo che la tentazione del demonio in questi casi mira a portare nella disperazione, al fine di arrivare a far dubitare del perdono di Dio. Sappiamo che questa fu anche una delle tentazioni della santa.

Teresa non specifica in che cosa consista la purificazione, dalla prova della fede e dal contesto possiamo dedurre che la purificazione consista nell'esercizio delle tre virtù teologali. Alcune informazioni ci possono arrivare dal suo atto d'offerta come Vittima d'Olocausto all'Amore Misericordioso (Pr. 6):

> «Vorrei consolarti dell'ingratitudine dei cattivi e ti supplico di togliermi la libertà di dispiacerti.
>
> Allo scopo di vivere in un atto di perfetto Amore, mi offro come vittima d'olocausto al tuo Amore misericordioso, supplicandoti di consumarmi senza posa, lasciando traboccare nella mia anima le onde d'infinita tenerezza[Gv 7,38] che sono racchiuse in te, così che io diventi Martire del tuo Amore, o mio Dio!»

Il fine dell'atto di offerta è quello di vivere in un atto di «perfetto Amore», notiamo che «Amore» è con la «A» maiuscola, quindi completamente assimilata, per meglio dire «*unita*», nella Vita divina:

> «[7]Carissimi, amiamoci gli uni gli altri, perché l'amore è da Dio: chiunque ama è stato generato da Dio e conosce Dio. [8]Chi non ama non ha conosciuto Dio, perché Dio è amore. [9]In questo si è manifestato l'amore di Dio in noi: Dio ha mandato nel mondo il suo Figlio unigenito, perché noi avessimo la vita per mezzo di lui. [10]In questo sta l'amore: non siamo stati noi ad amare Dio, ma è lui che ha amato noi e ha mandato il suo Figlio come vittima di espiazione per i nostri peccati.» (1Gv 4,7-10)

Teresina si rivela figlia della riformatrice del Carmelo, dove di fronte all'eresia Luterana, per «riparare» alla defezione di tante persone decide di essere maggiormente amica di Gesù, osservando i suoi comandamenti:

> «Ma verso quel tempo ebbi notizia dei danni e delle stragi che i luterani facevano in Francia e dell'incremento che andava prendendo quella setta malaugurata.[64]
> Ne provai una gran pena, e quasi fossi o potessi qualche cosa, mi lamentai con il Signore, supplicandolo di por rimedio a tanto male. Mi pareva che pur di salvare un'anima sola delle molte che là si perdevano, avrei sacrificata mille volte la vita. Ma vedendomi donna e tanto

[64] Al tempo della fondazione di S. Giuseppe di Avila reggeva la Francia Carlo IX, il cui regno fu appunto funestato dalle così dette «Guerre di religione» che culminarono nella famosa strage di S. Bartolomeo (24 Agosto 1562, il giorno stesso della fondazione del primo monastero di Teresa).

misera, impossibilitata a ciò che per la gloria di Dio avrei voluto, desideravo grandemente - e lo desidero tuttora - che avendo il Signore tanti nemici e così pochi amici, questi almeno gli fossero devoti. E così venni nella determinazione di fare il poco che dipendeva da me: osservare i consigli evangelici con ogni possibile perfezione, e procurare che facessero altrettanto le poche religiose di questa casa.
Confidando nella bontà di Dio che non lascia di aiutare chi rinuncia a tutto per amor suo, pensai che essendo tali le mie compagne quali me le ero raffigurate nei miei desideri, le loro virtù avrebbero nascosto i miei difetti, e così avrei potuto contentare Dio almeno in qualche cosa. Pregando poi per i difensori della Chiesa, per i predicatori e per i dotti che la sostengono, avremmo fatto del nostro meglio per aiutare questo mio dolce Signore così indegnamente perseguitato da coloro che Egli ha tanto beneficato. - Sembra che questi traditori lo vogliano crocifiggere un'altra volta, non lasciandogli luogo ove posare la testa.»

Complessivamente, santa Teresina è chiamata a riconoscere la promessa della Vita (cfr. Gv 14,6) proprio in una situazione dove la vita è negata, è chiamata a «mettere» la Vita di Cristo, là dove «la Vita di Cristo» è rifiutata (lo stato di dannazione) mediante l'esercizio delle virtù teologali, priva del conforto sensibile delle stesse. Troviamo quindi una piena *unione* con Cristo, in particolare con il Mistero della sua Morte in Croce, da ciò riconosciamo una grande esperienza mistica che avviene nell'oscurità della fede e ci domandiamo: quale tipo di attrattiva «umana» può avere in realtà una mistica di questo tipo?
Senz'altro quella di santa Teresa di Lisieux costituisce una delle più grandi e importanti esperienze mistiche del cristianesimo e senz'altro, per dirla con padre Maria Eugenio, è la «capostipite» di un nuovo periodo, di fatto è dopo di lei che si avrà un cambio importante, per cui la massima testimonianza cristiana la si avrà non nella consacrazione come vittima alla «Giustizia» di Dio ma al suo «Amore Misericordioso e abbiamo visto che il cambio non è nominale ma sostanziale. Un'importante svolta l'abbiamo anche per quanto riguarda l'elemento solidale coi «peccatori» divenuti suoi «figli/figlie» e con una grande esperienza mistica avvenuta nel solo sviluppo delle virtù teologali, tuttavia non so fino a che punto sia stata seguita nella sua profondità e radicalità.
La vita di santa Teresa è scorsa nel più completo e totale nascondimento e silenzio, anche da questo punto di vista la domanda circa l'attrattiva di questo tipo di vita e di scelta può trovare un seguito solo in chi, di fatto, obbedisce a una chiamata da parte del Signore e vive una profonda esperienza mistica e non mi riferisco alla sua scelta di vivere in clausura, perché non è esente da un «apparire» nel mondo; mi riferisco alla possibilità di vivere una vita nel silenzio e nel nascondimento: si può essere nel mondo e vivere una grande esperienza mistica e non essere «visti» da chi ci è accanto e

dal mondo: due esempi eclatanti di vita nascosta nel mondo sono Gesù e Maria. Padre Maria Eugenio nota che vivono fra i loro connazionali, nel mondo e nessuno nota la loro eccelsa santità, Gesù vivrà nascosto per trent'anni nella casa di Nazareth, come un operaio e nessuno dei suoi abitanti ha potuto notare per quegli anni che lui fosse il Figlio Eterno del Padre. Nascondimento non equivale necessariamente a clausura, ma vuol dire vivere una vita intima profonda e vuol dire abnegazione per amore di Cristo, senza che nessuno, o molto pochi, se ne accorgano perché silenzio e umiltà trovano il loro habitat favorevole.

Per quanto riguarda il desiderio di tante anime generose, di **voler condividere la Passione di Gesù**, tendenzialmente si hanno due richieste più o meno consce:

1. Una prima richiesta, fatta in punta di piedi e formulata molto timidamente, è quella di poter vivere in modo miracoloso, magari anche invisibilmente, la Passione di Gesù. Questa tentazione nasconde in sé due tipi di orgoglio spirituale, come due facce della stessa medaglia, un desiderio di essere approvato da Dio per il proprio cammino spirituale e il desiderio di essere riconosciuto dagli uomini per il proprio valore e, soprattutto, rivendicare nei confronti degli «altri» un'intimità e comunione con Cristo che gli «altri» non hanno e che li pone nei confronti del prossimo in modo unico, rimarcando la nostra differenza e unicità. Devo ammettere che mi ha lasciato l'amaro in bocca e ha molto disincantato il mio sguardo da occidentale convinto, quando ho scoperto che in realtà il fenomeno delle stigmate è un fenomeno puramente nostro. Spesso interpretiamo questa unicità, come una sorta di «primato» spirituale o di accreditamento da parte di Cristo nei nostri confronti, quasi a volerci dire: «Sì! Voi siete nella verità!». Qui ritorniamo alla nostra medaglia, come se fosse un pane già raffermo. È un nostro fenomeno puramente culturale, espressione della nostra mistica occidentale contrassegnata da un erotismo divenuto per la nostra cultura spirituale e artistica strutturato. Nella mistica orientale non può esserci un fenomeno di questo tipo, proprio per via della sua componente de-erotizzata. A fare a pugni con il nostro orgoglio vi sono i santi come san Pio da Pietrelcina e santa Gemma Galgani,[65] autentici stigmatizzati, ci «rimproverano» perché nella la loro preghiera chiedevano al Signore di togliere loro questa «incombenza pesante» e dall'altro lato brillano per la loro umiltà e la loro statura spirituale. Un vissuto mistico, quindi, espresso nella nostra tipica spiritualità occidentale, forma ed essenza che «non possono» fare a meno di essere separate, vanno distinte, ma non vanno separate.
2. La richiesta di vivere l'abbandono interiore di Gesù, o meglio, di partecipare al suo «Dio mio, Dio mio, perché mi hai abbandonato?» (cfr. Sal 22,2; Mc 15,34). La nostra domanda è fino a che

[65] Interessante è il fatto che nei documenti pontifici, santa Gemma Galagani è l'unica santa riconosciuta come stigmatizzata.

punto c'è sincerità e bontà in tale richiesta? È forse presente il nostro orgoglio? Oppure c'è sincerità ma altrettanta ingenuità. Senz'altro la nostra cultura segnata, per dirla con Nietzsche, da: «Dio è morto! Dio resta morto! E noi lo abbiamo ucciso!»[66], sembra che abbia trovato ciò che è più confacente e attraente per lei, come se fosse un vestito che le «calza a pennello». Da qui la grande attrattiva che abbiamo per le pagine che san Giovanni della Croce ha scritto circa la «Notte Oscura», in particolare la «Notte Oscura della fede» la seconda, per poi scoprire che di fatto Teresina vive in modo drammatico non la seconda notte, ma la terza, quella che precede l'alba. Santa Teresa stessa ci dice che le cose non stanno proprio così, infatti partecipare in parte all'abbandono interiore di Gesù non va tanto a sposarsi col nostro «Dio è morto», perché non va a negare l'esistenza di Dio, ma la sua esistenza *pesante e incisiva* nella storia e nella storia di ciascun uomo e questa presenza *pesante e incisiva* «ci ha abbandonato». Questo «stato» non si confonde neppure con la melanconoia o la depressione, perché già san Giovanni della Croce stesso ne descrive in modo mirabile la differenza. Infine, questo «stato», va a scontrarsi col nostro bisogno, un po' patologico, di sensibilità, di approvazione e di carenza affettiva. Per questo molte persone, con buone intenzioni, chiedono a Gesù di partecipare al Suo abbandono e cadono in crisi, se non in disperazione, alla prima leggera aridità.

3. Con il battesimo ogni cristiano è unito alla Morte e Risurrezione di Gesù.

L'oneroso ciclo della natura.

Tornando al **«non senso» della malattia** e alla domanda di senso circa la malattia stessa, prova ne abbiamo per quanto riguarda la giusta attenzione che impieghiamo non solo per curarci (nessuno di noi tendenzialmente si trascura, soprattutto se scopre di avere un problema con la salute), ma nelle richieste che facciamo al Signore di guarigione là dove la scienza medica sembra impotente. Non solo, quando dobbiamo scontrarci con l'impotenza della medicina e dobbiamo accettare di «convivere» con una malattia che può poi portarci alla morte, nessuno di noi la vive come se fosse una bella notizia, perché vive, nella fede, la comunione con la Croce di Cristo, anzi la notizia è vissuta male nella misura in cui chi è colpito è giovane oppure l'avvenimento è improvviso. Piuttosto siamo solleciti a chiedere al Signore la pronta guarigione e «scoppiamo» di gioia se interviene un miracolo e dopo il miracolo siamo disposti poi a irrompere nel palcoscenico del mondo con tanto di testimonianze, che trovano i maggiori «ascoltatori» nei vari gruppi di preghiera e social media. Chi invece deve «sottostare» alle onerose leggi della «natura», leggi poste da Dio e

[66] *Grande Antologia Filosofica*, Marzorati, Milano, 1976, vol. XXV, pagg. 213-214

«*aggiornate*» dopo il peccato originale, spesso si chiede «perché», che «senso ha». Se per caso, chi vive questo terribile momento è un buon cristiano e ha chiesto e creduto nella guarigione, si domanda il «perché Dio non lo ha ascoltato» e mortificato come *Calimero*, si chiede se per caso il Signore non si sia dimenticato di lui. Ma più profondamente si chiede: «dov'è la promessa della vita e della gioia qui? In questa situazione? In questa vita?». Sostanzialmente nessuno di noi chiederebbe, almeno se è una persona normale, una malattia incurabile e una lunga e dolorosa agonia, perché così è in comunione con la Croce di Gesù.

In questo caso, la «norma» è il drammatico ciclo della «natura», che fa esaltare il miracolo che fa sempre spettacolo, ma la «norma» rimane drammaticamente il «ciclo tirannico della natura» e molte persone, sono inglobate in questo ciclo. Che poi non si possano chiedere sempre miracoli ce lo dice anche padre Pio nel bellissimo film con Sergio Castellitto. Ripetiamo la domanda: dov'è qui la promessa di Vita in una situazione analoga a quella di santa Teresina?

«La speranza del Cielo vissuta come alienazione dalla vita e il sacrificio una perdita», per il mondo rischia di essere di fatto la tentazione di «fuga dalla realtà» da parte del cristiano, non troppo attaccato o inserito bene in questa vita, il «desiderio del Cielo». Anche da questo punto di vista, distinguiamo due livelli di fuga, anche qui come due facce di una stessa medaglia: una fuga dal quotidiano e una fuga da un problema. La fuga dal quotidiano si riallaccia al discorso che i grandi Padri del Deserto hanno fatto circa l'accidia; la fuga da un problema si riallaccia a un discorso psicologico.

La tendenza del mistico è quella della fuga: tende a compiere un cammino a sé e, come un corridore, tende a «staccare» gli altri per «volare» al traguardo da solo staccando il gruppo. Proprio qui è il problema! Il mistico ha oggettivamente questa tendenza, ma è chiamato non solo a non staccarsi dal gruppo e a stare in mezzo al gruppo, ma a stare al passo del più piccolo, della «maglia nera». La Provvidenza di Dio ha sempre sottoposto i grandi mistici a prove di obbedienza eroiche, proprio per far fronte alla loro tendenza di «volare» soli al traguardo per farli stare nel gruppo. Tuttavia, in questo caso il «gruppo» è la Chiesa, il Corpo mistico di Cristo e staccarsi da essa vuol dire staccarsi da Cristo, difatti la grandezza di Dio consiste nel farsi piccolo e il mistico, realmente tale, non può adottare un «movimento» contrario a quello adottato dalla Sapienza Incarnata. Quindi l'obbedienza a cui molti mistici furono chiami a vivere, in realtà era finalizzata alla loro *salvezza - unione* con Cristo. «La speranza del Cielo vissuta come alienazione dalla vita e il sacrificio una perdita», è anzitutto la preoccupazione proprio della Provvidenza di Dio stesso. Nel caso di Teresina, non avrebbe avuto gran senso una prova di obbedienza, già le aveva avute e le aveva superate in modo eccellente e senza troppa fatica. La prova della fede, non vuol essere solo, per

Teresa, «solidarietà coi peccatori», ma vuol essere il modo che la Provvidenza di Dio ha utilizzato, per far sì che Teresina stesse nel «gruppo», anzi, stesse al passo delle «maglie nere», portando la «maglia nera» proprio perché portava la «maglia bianca». Già abbiamo parlato del radicarsi di Teresa alla fede, questo «stato» non l'ha allontanata dalla fede, ma l'ha radicata ancora di più, per questo possiamo dire che la condivisione del «pane alla mensa dei peccatori» è servita per la sua *salvezza - unione* con Cristo, ma gli è anche servita per farla «stare coi piedi per terra» proprio perché il suo cuore era di Cristo.

Fede e non fede, le radici del peccato. Se accettiamo uno dei principi elaborati dai Padri del Deserto, i quali vedevano che alla radice del peccato c'era una mancanza di fede, possiamo vedere nella «prova della fede» non solo la «convivenza» tra due contrari e la conseguente lotta che avviene nel cuore di Teresa, ma possiamo vedervi la lotta per antonomasia, perché in lei convivevano in modo misterioso due scelte radicali e opposte, la scelta della fede, che ha caratterizzato la scelta di vita della santa, era l'espressione della sua *unione* con il «*fiat*» eterno del Figlio al Padre. «*Fiat*» che ha permesso a Dio d'irrompere e di vincere la durezza del cuore dell'uomo. Ma anche la scelta del «No» che santa Teresa ha dovuto «assumere» affinché potesse «riempirlo del «*Fiat*» del Figlio, di cui era partecipe.

Che cosa ha predisposto Teresa a questa «convivenza»? A mio giudizio il suo silenzio mistico[67], «silenzio» che è la dimensione mistica dell'accoglienza e dell'ascolto di Dio, ma è anche accoglienza e ascolto del fratello che nel caso di Teresa diventa anche «figlio/a». È stato quindi il «silenzio» coltivato fin dall'infanzia e sviluppato nel «silenzio» del Carmelo ad aver costituito la base, o meglio la radice, del «sedere alla mensa dei peccatori e di mangiare il loro pane».

«***Le vittime ci vogliono innocenti, e io non sono mica innocente. Salvali, Gesù, salvali***», questa preghiera di santa Gemma non è affatto banale, ma ci restituisce una cruda realtà. Tante nostre pretese di «essere vittime per i peccatori», anche spinte da buone intenzioni, ci fanno dimenticare che noi «non siamo mica innocenti»! Se abbiamo dato l'impressione di voler tutelare solamente il principio «la sola Vittima è Cristo» esclusivamente per motivi teologici, ecco che siamo riportati coi piedi per terra perché, lo ripeto, «noi non siamo mica innocenti»! Siamo santificati dallo Spirito e siamo «resi innocenti» dallo Spirito, la sofferenza, da questo punto di vista, ha un grande valore sia pedagogico, sia di santificazione, una «medicina amara da ingoiare, ma «necessaria». Riconoscere la dimensione della salvezza personale non è solo una questione soteriologica, non è

[67] cfr. ANNA MARIA CANOPI, *Silenzio, esperienza mistica della presenza di Dio*, EDB

neppure solamente un atto di umiltà, ma è un atto di verità che sfocia in uno *stato* di ringraziamento alla Croce di Cristo.

Solidarietà. La prospettiva precedente a santa Teresina aveva, seguendo la teologia del tempo, prodotto una visione sostitutoria, prima di tutto nei confronti di Cristo: Gesù moriva al posto dei peccatori. Guardando a Cristo come modello, come abbiamo fatto anche noi, la spiritualità aveva elaborato, sulla base della teologia e della mistica, anche per quanto riguarda il rapporto cristiano – peccatori, una visione sostitutoria, infatti il pio cristiano accettava di subire i castighi al posto dei peccatori, anche se spesso sfociava in un giudizio molto forte nei confondi «dei peccatori» stessi[68]. Teresa, contemplando la Misericordia, ha optato più per un modello solidale coi «peccatori-figli/e», confermata dalla teologia attuale. «Solidarietà» vuol dire «essere pienamente» in comunione con l'umanità descritta fin ora, in questo «ciclo della natura» che spesso sembra terribile e spietato e portare la Vita di Cristo che dà senso e valore a realtà che sembrano non avere senso e valore. Allora una malattia come la tbc che porta dolorosamente e drammaticamente alla morte, diventa «croce» e diventa il «luogo» dove, nel «ciclo della natura», si manifesta il Volto Santo di Cristo, un Volto Misericordioso che «rivela» una Mistica *soprannaturale* nel *naturale*. Colui che vive in unione con Cristo è in unione alla Sua Passione, per l'umanità con cui è solidale diventa una sorta di «precursore» del Signore, in quanto come Giovanni Battista, indica Gesù Crocifisso, il «luogo della Presenza perdonante di Dio», che attesta con la sua vita: «Ecco l'agnello di Dio, il centro di tutta la storia e il senso di tutta la vita dell'uomo». Tutto questo perché nel «non senso» della malattia, il credente porta la Vita di Cristo e portando la Vita di Cristo, riesce a ritrovare la promessa della vita anche là dove la vita è negata.

Tuttavia, la solidarietà coi peccatori e la promessa di Vita ritrovata, è possibile grazie alla nostra *unione* con Cristo: è solo per/con/in Lui è possibile realizzare la «solidarietà» fin qui descritta, perché Lui è, e rimane, la Sola e Unica Vittima, Lui è e rimane, il Solo e Unico Mediatore tra noi e Dio. L'essere «vittima» ritrova così il suo senso cristologico più pieno e più forte, perché essere vittima vuol dire: essere «strumento» di comunione, portare la Vita di Cristo là dove siamo mandati in missione, portare il senso in quelle situazioni dove un senso non c'è. Sapendo che la nostra è partecipazione alla Vita di Cristo e la figura più pertinente è quella del «testimone della fede».

Cito cosa disse san Giovanni Paolo II circa Madre Teresa di Calcutta:

«Madre Teresa ha fatto sentire agli sconfitti dalla vita la tenerezza di Dio».

Ecco un esempio di vittima!

---

[68] In questa visione spirituale ci si dimenticava di essere stati salvati da Cristo e che il cristiano fosse un peccatore salvato. Santa Teresina fu la prima a riconosce Cristo come suo Salvatore.

INDICE

Printed by Books on Demand GmbH, Norderstedt / Germany